Monique Laf⌐

Collection
Les Essentiels

La littérature du terroir:

Une littérature identitaire

mondia

Révision linguistique
Marie Chalouh

**Conception graphique
et édition électronique**

1977, boulevard Industriel
Laval (Québec)
H7S 1P6

ISBN 2-89114-544-5

Dépôt légal : 4ᵉ trimestre 1994
Bibliothèque nationale du Québec
Bibliothèque nationale du Canada

1 2 3 4 5   97 96 95 94

À la mémoire d´Henriette Giguère

En guise de témoignage pour ses qualités
exceptionnelles de pédagogue et pour toutes ces années
qu'elle a entièrement consacrées à ses étudiants.

Puisque je ne peux plus lui communiquer ma passion
de l'enseignement et de l'écriture...

TABLE DES MATIÈRES

AVANT-PROPOS

Après la publication du *Roman québécois, reflet d'une société* (1985) et, plus récemment, de *Œdipe à l'université ou les liaisons dangereuses entre professeurs d'université et étudiantes* (1993), voilà que paraît une anthologie, *La littérature du terroir: une littérature identitaire*.

Cette anthologie vise divers objectifs:
> Il s'agit d'abord de donner un bon aperçu de la littérature québécoise par le biais de l'étude d'extraits minutieusement choisis;

> puis d'offrir un document efficace qui rassemble divers types de renseignements, et cela, pour éviter d'avoir à consulter plusieurs ouvrages de référence;

> il convient aussi de présenter une *banque* de sujets d'analyse littéraire, de dissertation explicative et d'essai critique afin que les élèves puissent exercer et développer les *compétences* qu'ils doivent normalement maîtriser à la fin de leurs études collégiales;

> enfin, je voulais présenter un manuel pédagogique conçu et écrit dans un esprit éminemment d'ici afin qu'il ait une résonance auprès de nos élèves.

Les extraits ont été choisis surtout pour l'intérêt qu'ils présentent en soi. Est-ce intéressant à lire? C'était la question que je me posais avant de retenir un texte. S'il y avait un doute dans mon esprit, je vérifiais auprès de quelques élèves, qui réagissaient en toute spontanéité. J'ai tenu compte, à certains moments, de ces cris du cœur.

S'est ajoutée à ce critère la reconnaissance de la valeur sociologique ou littéraire de ces œuvres par les experts en histoire littéraire; ces textes qui ont résisté à la critique présentaient un intérêt certain.

De plus, j'ai tenté d'établir des liens entre les courants littéraires français et la littérature québécoise, non pas dans une perspective de subordination à la littérature venue de France, mais parce que ces courants ont eu des retombées universelles. Ainsi, la question de savoir s'il y a un lien entre le roman du terroir et le réalisme est intéressante et pertinente. Je me suis également permis quelques clins d'œil au romantisme, puisque plusieurs textes en possèdent certaines caractéristiques.

En ce qui concerne la pertinence de présenter un bref résumé de la vie des auteurs, je sais bien que les opinions sont partagées: certains prôneront l'idée que le texte est un *en-soi* et que toute référence biographique se révèle inutile, voire nuisible. Indépendamment de toutes théories, je sais que les élèves apprécient qu'on les situe par rapport aux auteurs qu'ils lisent; le phénomène de leur engouement pour l'œuvre de Nelligan et pour son destin tragique en témoigne.

Dans le contexte social actuel, je demeure convaincue de la pertinence de l'étude des œuvres par le biais d'extraits; point n'est besoin de lire les quelque 400 pages du *Père Goriot* de Balzac pour avoir une bonne idée du roman. De plus, il est pédagogiquement rentable d'enseigner l'analyse littéraire, pour ne mentionner qu'un exemple, à partir d'un corpus précis. Analyser l'œuvre? L'élève peut parfois s'y perdre…

Une bibliographie sommaire est ajoutée à la fin de l'étude d'extraits d'un auteur pour donner un aperçu de l'œuvre de chaque écrivain présenté. De plus, la définition de certains cana-dianismes ou de termes techniques difficiles vise à faciliter la tâche des élèves – notamment ceux issus de cultures différentes – qui *décrochent* souvent de la lecture parce que trop de mots leur échappent. Le tableau synthèse chronologique permet, quant à lui, d'obtenir rapi-dement une information particulière tout en ayant un aperçu global.

C'est donc avec un certain enthousiasme que je vous présente ce document pédagogique. Puisse-t-il vous être d'une aide précieuse et mieux faire apprécier la littérature québécoise.

Monique Lafortune

INTRODUCTION

Une littérature identitaire

> « De nous-mêmes et de nos destinées, nous n'avons compris claire-
> ment que ce devoir-là : persister… nous maintenir… Et nous nous
> sommes maintenus, peut-être afin que dans plusieurs siècles
> encore le monde se tourne vers nous et dise : ces gens sont d'une
> race qui ne sait pas mourir… Nous sommes un témoignage. »
>
> Louis Hémon

Une littérature peut être qualifiée d'identitaire dans la mesure où
elle contribue à affirmer l'identité d'un peuple, d'une race, d'un groupe
d'individus possédant des caractéristiques particulières communes. Si
l'on se réfère à cette définition, la littérature du terroir, qui fut populaire
durant près d'un siècle au Québec, peut être considérée comme une
littérature identitaire.

Ce n'est d'ailleurs pas un hasard si les débuts de ce type d'écrits se
situent vers les années 1840, date de la Loi d'Union (Union Act), époque
où les Canadiens français viennent d'assister à la défaite des Patriotes,
après avoir vécu la dépossession en 1760, lors de la Conquête anglaise.
L'échec des Patriotes est d'autant plus douloureux que les revendi-
cations de ces nationalistes correspondaient à une demande de respect
des droits des Canadiens français.

Le rapport de force entre dominants et dominés défavorisant
les francophones, ceux-ci ont senti le besoin de se servir de leur culture
pour affirmer leur identité. Ainsi ont-ils prôné leur appartenance au fait
français et à la religion catholique, deux des éléments fondamentaux de
leur culture.

La littérature a, parallèlement, servi de créneau à l'affirmation identitaire. « Voilà ce que nous sommes », semblent dire les romanciers à
travers les personnages qu'ils créent, lesquels clament ouvertement
leur attachement au pays, à la terre, au « territoire » qui était le leur
avant que « les étrangers empiètent sur les rivières, les lacs, la forêt, la
montagne », pour employer les termes de Félix-Antoine Savard. Alors
sont nés les Menaud, maître-draveur, les Maria Chapdelaine qui récla-
ment le respect de ceux qui ont bâti le pays, ceux qui nous ont faits
comme nous sommes. Cette identité transmise dans le sang doit
survivre par-delà « les milliers d'ans de souffrance, de deuils,
d'espérance et de joie » (Alfred DesRochers). Ce désir que survive la
nation française, isolée sur le continent nord-américain anglophone,
s'exprime dans des textes nostalgiques d'un passé qui ne doit pas être
trahi afin que l'avenir constitue un témoignage.

LE ROMAN IDÉOLOGIQUE

OU L'IDÉALISATION DE LA TERRE

CHAPITRE I

*D*ivers qualificatifs ont été utilisés pour désigner un genre qui fut très populaire au siècle dernier et au début du XXe siècle ; nous faisons référence aux termes « régionaliste », « rustique » et « roman de la terre ». Précisons que les deux premiers ont été surtout employés en France ; au Québec, les expressions « roman paysan », « roman agriculturiste » et « roman de la terre » nous sont plus familières.

Pour le présent ouvrage, retenons l'expression « roman de mœurs paysannes » puisqu'elle est suffisamment générique pour regrouper les différents types de romans de ce genre. Nous sous-entendons ici qu'il existe des différences au sein même des « romans de mœurs paysannes » et qu'il y a lieu de distinguer trois classes à l'intérieur de cette grande famille qu'est le « roman de mœurs paysannes » :

1) *le roman idéologique ;*
2) *le roman réaliste ;*
3) *le roman de la démystification.*

Dans ce chapitre, nous abordons le « roman idéologique », qui se caractérise par le fait qu'il véhicule les valeurs de l'idéologie de conservation, soit la terre, la famille, la religion et la langue française. Rappelons que ce type d'idéologie a dominé au Québec durant près d'un siècle : de 1840 à 1930. Il s'est imposé par suite de l'échec de la Rébellion de 1837, comme pour contrer un certain défaitisme dans lequel aurait pu sombrer les Canadiens français. Ce type de littérature cherche à prôner une façon de vivre qui permettrait de *survivre* comme nation. Il s'agit donc du réflexe sain d'un peuple qui refuse d'être anéanti.

On a dit du roman idéologique qu'il constituait un écrit de propagande, en ce sens qu'il sert de créneau pour exposer, le plus habilement possible, la thèse agriculturiste. Les écrivains de ce type romanesque tiennent tous fondamentalement le même discours : « Hors de la terre, point de salut ! » Ce contenu idéologique commun justifie leur regroupement dans le présent chapitre. Nous disons donc que les romans dont il sera question ici constituent, en quelque sorte, des variations sur un même thème.

PATRICE LACOMBE (1807-1863)

L'histoire littéraire accorde fort peu de place à Patrice Lacombe. Plusieurs critiques l'ignorent, à tel point qu'il est difficile de se documenter sur sa vie. En cherchant bien, on réussit à savoir qu'il est né à Deux-Montagnes et que son enfance dut être particulière, puisque son père avait 60 ans quand son unique fils, Patrice, vint au monde. Il est légitime de se demander s'il n'y a pas de lien entre cette condition familiale particulière et le fait qu'il épousa, non pas une jeune fille de son âge, mais une veuve avec laquelle il n'eut pas d'enfant. Son esprit réactionnaire peut également ment être considéré comme l'héritage d'un père qui aurait pu être son grand-père.

On peut résumer sa vie professionnelle en disant qu'il fut reçu notaire à 23 ans et que, durant 30 ans, il fut fidèle à ses employeurs, les sulpiciens du séminaire de Montréal. On dit qu'il était timide et réservé et que sa vie fut morne et sans éclat.

La Terre paternelle (1846)

Patrice Lacombe a le mérite d'avoir écrit un roman de mœurs paysannes qui témoigne de l'idéologie de conservation, laquelle fut en vigueur durant presque cent ans au Québec. Dans ce roman, nous nous retrouvons avec la famille Chauvin. Le père, après avoir cédé sa terre à son fils, devient rentier au village. Mais le fils nonchalant laisse dépérir le bien, au point que le père Chauvin doit reprendre en main la terre des ancêtres. Un problème se pose: Chauvin a perdu le feu sacré et ne veut plus être « simple cultivateur ». Il s'aventure donc dans le commerce, espérant faire fortune. La terre, comme pour se venger, punit Chauvin de cette infidélité.

Le paradis et l'enfer d'un faux commerçant

La donation faite dans des motifs si louables en apparence avait porté, comme on l'a vu, de funestes coups à cette famille. Cependant, malgré la réconciliation opérée entre le père et le fils, malgré l'oubli du passé qu'ils venaient de se jurer l'un à l'autre, on chercherait en vain au milieu d'eux le même bonheur et la même harmonie
5   qu'autrefois; les choses, pourtant, avaient été remises sur le même pied qu'auparavant; les mêmes hommes avaient repris leur première position; mais, avec quelle différence et quels changements! Le fils, pendant qu'il avait eu le maniement des affaires, avait laissé dépérir le bien, et contracté des habitudes d'insouciance et de paresse. Le courage et l'énergie du père s'étaient émoussés au contact du repos et de
10 l'inaction. Il en coûtait beaucoup à son amour-propre de se remettre au travail, comme un simple cultivateur. Pendant les quelques années qu'il avait été rentier, il avait joui d'une grande considération parmi ses semblables qui, n'envisageant d'ordinaire que les dehors attrayants de cet état, l'avaient bien souvent regardé avec des yeux d'envie; il lui fallait maintenant descendre de cette position, pour se
15 remettre au même niveau que ses voisins. Sa condition de cultivateur, dont il s'enorgueillissait autrefois, lui paraissait maintenant trop humble et avait même quelque chose d'humiliant à ses yeux; poussé par un fol orgueil, il résolut d'en sortir.

Il avait remarqué que quelques-unes de ses connaissances avaient abandonné l'agriculture pour se lancer dans les affaires commerciales; il avait vu leurs entreprises
20 couronnées de succès; toute son ambition était de pouvoir monter jusqu'à l'heureux marchand de campagne qu'il voyait honoré, respecté, marchant à l'égal du curé, du médecin, du notaire, et constituant, à eux quatre, la haute aristocratie du village.

En vain lui représentait-on que n'ayant pas l'instruction suffisante, il lui serait impossible de suivre les détails de son commerce de manière à pouvoir s'en rendre compte;
25 à cela, il répondit que sa fille Marguerite était instruite et qu'elle tiendrait l'état de ses affaires. Sourd à tous les conseils, et entraîné par la perspective de faire promptement fortune, il se décida donc à risquer les profits toujours certains de l'agriculture contre les chances incertaines du commerce. Le lieu qu'il habitait n'étant point propre pour le genre de spéculations qu'il avait en vue, il loua sa terre pour un modique loyer, et alla
30 s'établir avec sa famille dans un village assez florissant dans le nord du district de Montréal; il y acheta un emplacement avantageusement situé, y bâtit une grande et spacieuse maison, et vint faire ses achats de marchandises à la ville. Le commerce prospéra d'abord, plus peut-être qu'il n'avait espéré. On accourait de tous côtés chez lui. Pour se donner de la vogue, il affectait une grande facilité avec tout le monde,
35 accordait de longs crédits, surtout aux débiteurs des autres marchands des environs, qui, trouvant leurs comptes assez élevés chez leurs anciens créanciers, venaient faire à Chauvin l'honneur de se faire inscrire sur ses livres. Ce qu'il avait souhaité lui était arrivé; il jouissait d'un grand crédit, il était considéré partout; on le saluait de tous côtés et, de bien loin à la ronde, on ne le connaissait que sous le nom de Chauvin le
40 riche; lui-même ne paraissait pas insensible à ce pompeux surnom, et il lui arriva même une fois d'indiquer, sous ce modeste titre, sa demeure à des étrangers. Il va sans

dire que les dépenses de sa maison étaient en harmonie avec le gros train[1] qu'il menait. Tout à coup, les récoltes manquèrent, amenant à leur suite la gêne[2] chez les plus aisés, la pauvreté chez un grand nombre. Des pertes inattendues firent d'énormes brèches à sa fortune ; ses crédits qui paraissaient les mieux fondés furent perdus ; pour la pre-
45 mière fois de sa vie, il manqua à ses engagements envers les marchands fournisseurs de la ville, qui, après avoir attendu assez longtemps, le menacèrent d'une saisie et de faire vendre ses biens. Cette menace sembla redoubler son énergie. Il se raidit de toutes ses forces contre l'adversité, et résolut, pour faire face à ses affaires, de tenter le sort de l'emprunt ; cette démarche, loin de le tirer d'embarras, ne servit qu'à le
50 plonger plus avant dans le gouffre. L'usurier, fléau plus nuisible et plus redoutable aux cultivateurs que tous les ravages ensemble de la mouche et de la rouille, lui prêta une somme à gros intérêts, remboursable en produits à la récolte prochaine. La récolte manqua de nouveau ; il continua quelque temps encore à se débattre sous les coups du sort, et se vit à la fin complètement ruiné. La saisie dont on l'avait menacé depuis
55 longtemps fut mise à exécution contre lui. L'exploitation de son mobilier suffit à peine à payer le quart de ses dettes. Ses immeubles furent attaqués à leur tour et, après les formalités d'usage, vendus par décret forcé ; et la terre paternelle, sur laquelle les ancêtres de Chauvin avaient dormi pendant de si longues années, fut foulée par les pas d'un étranger…

Dix ans après

60 L'hiver venait de se déclarer avec une grande rigueur. La neige couvrait la terre. Le froid était vif et piquant. Le ciel était chargé de nuages gris que le vent chassait avec peine et lenteur devant lui. Le fleuve, après avoir promené pendant plusieurs jours ses eaux sombres et fumantes, s'était peu à peu ralenti dans son cours, et enfin était devenu immobile et glacé, présentant une partie de sa surface unie, et l'autre toute
65 hérissée de glaçons verdâtres. Déjà l'on travaillait activement à tracer les routes qui s'établissent d'ordinaire, chaque année, de la ville de Longueuil à Saint-Lambert et à Laprairie ; partie de ces chemins était déjà garnie de balises plantées régulièrement de chaque côté, comme des jalons, pour guider le voyageur dans sa route, et pré- sentait agréablement à l'œil une longue avenue de verdure.

70 Deux hommes, dont l'un paraissait de beaucoup plus âgé que l'autre, conduisaient un traîneau chargé d'une tonne d'eau, qu'ils venaient de puiser au fleuve et qu'ils allaient revendre de porte en porte, dans les parties les plus reculées des faubourgs[3]. Tous deux étaient vêtus de la même manière : un gilet et pantalon d'étoffe du pays sales et usés ; des chaussures de peau de bœuf dont les hausses[4] enveloppant le bas
75 des pantalons étaient serrées par une corde autour des jambes, pour les garantir du froid et de la neige ; leur tête était couverte d'un bonnet de laine bleu du pays. Les

1. *Le gros train : expression faisant référence à la manière de vivre, à une certaine aisance financière qui permet des achats et des fantaisies de toutes sortes.*
2. *Gêne : situation embarrassante due au manque d'argent.*
3. *Faubourg : agglomération de maisons hors du village, hameau. C'est le mot « bourg » travesti.*
4. *Hausse : tige d'une bottine, d'une botte. De l'anglais* hose.

vapeurs qui s'exhalaient par leur respiration s'étaient congelées sur leurs barbes, leurs favoris et leurs cheveux, qui étaient tout couverts de frimas et de petits glaçons. La voiture était tirée par un cheval dont les flancs amaigris attestaient, à la

80 fois, et la cherté du fourrage, et l'indigence du propriétaire. La tonne, au-devant de laquelle pendaient deux sceaux de bois cerclés en fer, était, ainsi que leurs vêtements, enduite d'une épaisse couche de glace.

Ces deux hommes finissaient le travail de la journée : exténués de fatigue et transis de froid, ils reprenaient le chemin de leur demeure située dans un quartier pauvre et isolé

85 du faubourg Saint-Laurent. Arrivés devant une maison basse et de chétive apparence, le plus vieux se hâta d'y entrer, laissant au plus jeune le soin du cheval et du traîneau. Tout dans ce réduit annonçait la plus profonde misère. Dans un angle, une paillasse avec une couverture toute rapiécée ; plus loin, un grossier grabat[5], quelques chaises dépaillées, une petite table boiteuse, un vieux coffre, quelques ustensiles de fer-blanc

90 suspendus aux trumeaux[6], formaient tout l'ameublement. La porte et les fenêtres mal jointes permettaient au vent et à la neige de s'y engouffrer ; un petit poêle de tôle dans lequel achevaient de brûler quelques tisons, réchauffait à peine la seule pièce dont se composait cette habitation qui n'avait pas même le luxe d'une cheminée : le tuyau du poêle perçant le plancher et le toit en faisait les fonctions.

95 Près du poêle, une femme était agenouillée. La misère et les chagrins l'avaient plus vieillie encore que les années. Deux sillons profondément gravés sur ses joues annonçaient qu'elle avait fait un long apprentissage des larmes. Près d'elle, une autre femme que ses traits, quoique pâles et souffrants, faisaient aisément reconnaître pour sa fille, s'occupait à préparer quelques misérables restes pour son père et son

100 frère qui venaient d'arriver.

Nos lecteurs nous auront sans doute déjà devancé, et leur cœur se sera serré de douleur en reconnaissant dans cette pauvre famille, la famille autrefois si heureuse de Chauvin !... Chauvin, après s'être vu complètement ruiné, et ne sachant plus que faire, avait enfin pris le parti de venir se réfugier à la ville. Il avait en cela imité l'exemple

105 d'autres cultivateurs qui, chassés de leurs terres par les mauvaises récoltes et attirés à la ville par l'espoir de gagner leur vie en s'employant aux nombreux travaux qui s'y font depuis quelques années, sont venus s'y abattre en grand nombre et ont presque doublé la population de nos faubourgs. Chauvin, comme l'on sait, n'avait point de métier qu'il pût exercer avec avantage à la ville ; il n'était que simple cultivateur. Aussi ne trouvant

110 pas d'emploi, il se vit réduit à la condition de charroyeur d'eau, un des métiers les plus humbles que l'homme puisse exercer sans rougir. Cet emploi, quoique très peu lucratif, et qu'il exerçait depuis près de dix ans, avait cependant empêché cette famille d'éprouver les horreurs de la faim. Au milieu de cette misère, la mère et la fille avaient trouvé le moyen, par une rigide économie et quelques ouvrages à l'aiguille, de faire

115 quelques petites épargnes ; mais un nouveau malheur était venu les forcer à s'en

---

5. *Grabat : lit misérable.*
6. *Trumeau : petite armoire encastrée dans un mur entre deux fenêtres.*

dépouiller: le cheval de Chauvin se rompit une jambe. Il fallut de toute nécessité en acheter un autre qui ne valait guère mieux que le premier, et avec lequel Chauvin continua son travail. Mais ce malheur imprévu avait porté le découragement dans cette famille. Quelques petits objets que la mère et Marguerite avaient toujours conservés
120 religieusement comme souvenirs de famille et d'enfance furent vendus pour subvenir aux plus pressants besoins. L'hiver sévissait avec rigueur; le bois, la nourriture étaient chers; alors, des voisins compatissants, dans l'impossibilité de les secourir plus longtemps, leur conseillèrent d'aller se faire inscrire au Bureau des pauvres, pour en obtenir quelque secours. Il en coûtait à l'amour-propre et au cœur de la mère d'aller
125 faire l'aveu public de son indigence. Mais la faim était là, impérieuse! Refoulant donc dans son cœur la honte que lui causait cette démarche, elle emprunte quelques hardes[7] à sa fille, et se dirige vers le bureau. Elle y entre en tremblant; elle y reçut quelque modique secours. Mais sur les observations qu'on lui fit, que le bureau avait été établi principalement pour les pauvres de la ville et qu'étant de la campagne elle
130 aurait dû y rester et ne pas venir en augmenter le nombre, la pauvre femme fut tellement déconcertée du ton dont ces observations lui furent faites qu'elle sortit, oubliant d'emporter ce qu'on lui avait donné, et reprit le chemin de sa demeure, en fondant en larmes.

BIBLIOGRAPHIE SOMMAIRE

1846   *La Terre paternelle* (roman)

SUJETS DE TRAVAUX SUGGÉRÉS

1.   Expliquez en quel sens *La Terre paternelle* est tributaire de l'idéologie de l'époque.
Pour ce faire, établissez des liens avec la situation politico-économique de l'époque.

2.   Analysez la dichotomie réussite/échec dans l'extrait de *La Terre paternelle* et interprétez l'échec de Chauvin.

3.   La vision de Patrice Lacombe est sournoisement moralisatrice dans l'extrait intitulé « Le paradis et l'enfer d'un faux commerçant ». Expliquez.

4.   Quelle vision l'auteur présente-t-il de la campagne, du village et de la ville?
Expliquez et justifiez vos affirmations.

5.   Prouvez que le misérabilisme, que l'auteur associe à la ville, est omniprésent dans la partie de l'extrait sous-titrée « Dix ans après ».

---

7. *Hardes : vêtements.*

PIERRE-JOSEPH-OLIVIER CHAUVEAU
(1820-1890)

Pierre-Joseph-Olivier Chauveau fut, certes, un privilégié de la vie si l'on en juge par les nombreux talents qu'il possédait et les fonctions qu'il a occupées: docteur en droit, doyen à l'Université Laval, professeur, député, ministre, premier ministre du Québec (1867-1873), shérif du district de Montréal, sénateur et président du Sénat. Il fut, de plus, historien, journaliste, critique et éminent orateur, un des plus recherchés au Bas-Canada. En faisant le résumé de sa vie, on ne s'étonne pas que le journaliste Chapais ait dit de lui: « Il a touché à tous les sommets auxquels les hommes doués d'un talent supérieur peuvent atteindre dans notre pays. ».

Charles Guérin (1853)

Ce roman, dont l'action se situe de 1830 à 1833, raconte les déboires d'une famille dépossédée par son voisin, anglais d'origine, M. Wagnaër. Mais Charles, le héros du roman, ne se laissera pas abattre et créera une nouvelle paroisse sur des terres voisines de la terre paternelle. Nous pouvons donc lire, à travers cette histoire, celle des Canadiens français dépossédés **par suite de la Conquête anglaise** et qui survécurent grâce à la colonisation. Ainsi, en s'inspirant du titre de l'un des plus célèbres romans d'Honoré de Balzac, *Grandeur et Décadence de César Birotteau*, ce roman de Chauveau aurait-il pu s'intituler *Misère et Grandeur de la famille Guérin*. On comprend donc que cette œuvre soit considérée par certains critiques comme un roman à thèse puisqu'elle prône une idéologie.

Dans ce roman, il est également question de Pierre, le frère de Charles, qui réagit bien différemment de son frère et diffère au point de vue idéologique des gens qui l'entourent; il décide donc de s'en aller en Europe. Après son départ, sa mère lit la lettre qu'il lui a adressée et dans laquelle il explique les motifs de son départ, les projets ambitieux qui l'amènent à courir le monde. Nous vous présentons, dans l'extrait qui suit, le contenu de cette lettre.

Loin des stupides préjugés de mon peuple

Mon état à moi, ce n'est pas de sécher sur des livres, de végéter au milieu d'un tas de paperasses; c'est une vie active, créatrice, une vie qui ne fasse pas vivre qu'un seul homme, une vie qui fasse vivre beaucoup de monde par l'industrie et les talents d'un seul. C'est à peu près l'inverse de la vie *officielle*, où l'industrie et les travaux de beau-
5   coup de gens font vivre un seul homme à ne rien faire. Je voudrais du commerce et de l'industrie; non pas du commerce et de l'industrie, par exemple, à la façon de notre voisin, M. Wagnaër. Dévorer comme un empire toutes les ressources d'une popu-lation; déboiser des forêts avec rage et sans aucune espèce de prévoyance de l'avenir; donner à des bras que l'on enlève à l'agriculture, en échange des plus durs travaux, de
10   mauvaises passions et de mauvaises habitudes; ne pas voler ouvertement, mais voler par réticence, et en détail, en surfaisant à des gens qui dépendent uniquement de vous, ce qu'ils pourraient avoir à meilleure composition partout ailleurs; reprendre sous toutes les formes imaginables aux ouvriers que l'on emploie le salaire qu'on leur donne; engager les *habitants* à s'endetter envers vous, les y forcer même de plus en
15   plus une fois qu'on les tient dans ses filets, jusqu'à ce qu'on puisse les exproprier for-cément et acheter leurs terres à vil prix: voilà ce que certaines gens appellent du com-merce et de l'industrie; moi, j'appelle cela autrement. Je voudrais, je vous l'avoue, faire tout autre chose. Je voudrais être dans ma localité le chef du progrès. Je voudrais établir quelque manufacture nouvelle, arracher pour de pauvres gens un peu
20   de l'argent que l'on exporte tous les ans en échange des produits démoralisateurs de l'étranger. Mais, lorsque j'ai voulu parler de quelque chose de semblable aux per-sonnes âgées et influentes que j'ai rencontrées, elles ont levé les épaules, elles ont ri de moi, elles ont rendu justice à la bonté de mes intentions, mais elles m'ont paru ajouter en elles-mêmes: c'est bien dommage que ce jeune homme-là n'ait pas un peu
25   de sens commun. Je vois que c'est l'idée dominante. Il faut faire ce que les autres ont toujours fait, et il n'y a pas que les habitants[8] qui tiennent à la routine. Les gens riches et instruits sont tout aussi routiniers. Je n'aurais trouvé qu'à grand-peine quelqu'un qui m'aurait prêté un peu d'argent pour mes projets. Et puis il m'aurait fallu une place pour quelque temps dans une maison de commerce, pour me mettre au fait du
30   négoce; il m'aurait fallu aussi passer quelque temps à visiter les manufactures dans les États-Unis. Je n'ai pas l'argent qu'il faudrait pour aller faire cette espèce d'appren-tissage; je n'ai pas pu trouver de situation. Ainsi, que voulez-vous que je fasse? Je vous le répète, je ne veux être ni prêtre, je n'en aurais pas le courage, et c'est assez de Charles, qui se dévoue à cet état; ni médecin, cela m'irrite les nerfs rien que d'y
35   penser; ni avocat, ce n'est plus un honneur; ni notaire, c'est par trop bête. Aucune de ces professions ne convient à mon caractère et à mes goûts.

Une autre chose, c'est le dédain profond que paraissent éprouver tous les jeunes gens pour tout ce qui n'appartient pas à l'une des quatre inévitables professions. J'avais l'idée de m'engager dans un des chantiers où l'on construit les vaisseaux à
40   Saint-Roch; j'en ai parlé à un de mes compagnons de classe, dont le père est lui-même un pauvre journalier qui travaille dans ces chantiers; eh! bien, il m'a presque

---

8. *Habitants: cultivateurs.*

fait rougir de mon projet. Il me semble pourtant que ce serait une belle carrière. Il y a de ces constructeurs de vaisseaux qui se veulent plus riches que tous les hommes de profession que je connais ; et la société anglaise, qui est pourtant assez grimacière

45 de sa nature, ne leur fait pas trop la grimace. Mais, quand j'ai vu mon ami, qui ne sort pas de la cuisse de Jupiter, croire déroger s'il faisait autre chose qu'étudier le droit, je me suis demandé ce que diraient à plus forte raison ceux qui ont des parents comme les miens…

C'est bien triste pour le pays qu'on ait de semblables préjugés. Cela nous mène tous

50 ensemble à la misère. Le gouvernement nous ferme la porte de tous ses bureaux, le commerce anglais nous exclut de ses comptoirs, et nous fermons la seule porte qui nous reste ouverte, une honnête et intelligente industrie. Tandis qu'il faudrait toute une population de gens hardis, jusqu'à la témérité, actifs jusqu'à la frénésie, vous rencontrez à chaque pas des imbéciles qui rient de tout, qui se croient des gens très

55 supérieurs, lorsqu'ils ont répété des tas de sornettes sur l'incapacité, sur l'ignorance, sur la jalousie, sur l'inertie, sur la *malchance* (il y a de ces gens-là qui croient au destin comme des mahométans), sur la fatalité, qui empêchent leurs compatriotes de réussir, ce qui est en effet un excellent moyen de tout décourager et de tout empêcher. Si ce n'était de ces gens-là, qui se font passer pour des oracles, je crois que

60 les choses iraient aussi bien ici qu'ailleurs. Je ne vois pas du tout pourquoi elles iraient moins bien. L'énergie de toute une population bien employée et constamment employée finirait par user à la longue la chaîne du despotisme[9] colonial. Mais je m'aperçois, ma chère maman, que je me laisse aller aux grands mots ; et ce n'est pourtant pas le temps de faire une *amplification*. J'ai voulu vous dire toutes les

65 raisons de mon départ, afin de n'être point taxé d'ingratitude. Je compte bien que les choses iront mieux dans ce pays d'ici à quelques années. Mais je n'ai pas le temps d'attendre, et je m'en vais. Si je fais fortune ailleurs, ce qui est fort douteux (après tout, ce n'est pas impossible), je reviendrai vous consoler dans votre vieillesse et je dépenserai au milieu de mes compatriotes ce que j'aurai gagné dans un autre pays.

70 C'est tout juste, puisqu'il y a des étrangers qui viennent s'enrichir à nos dépens et s'en retournent vivre ailleurs de nos dépouilles !

Je ne vous dis pas le nom du vaisseau à bord duquel je m'embarque. Il y en a plusieurs qui partent en même temps. Je ne veux pas que vous puissiez me suivre de vue, je préfère de beaucoup que vous me comptiez pour mort dès à présent : l'espérance,

75 l'anxiété de chaque jour vous rendraient trop malheureuse. Je vous préviens que vous n'aurez de mes nouvelles que par moi-même, si je reviens ; mais je ne vous écrirai point. Il y aurait trop de lacunes, trop d'irrégularité dans ma correspondance ; ce serait un nouveau chagrin, une nouvelle douleur chaque fois. Par une cir-constance ou par une autre, par ma mort peut-être, cette correspondance pourrait

80 cesser tout à coup ; ce serait un désespoir comme celui que vous allez éprouver en lisant cette lettre. Il vaut mieux n'avoir de ces émotions-là qu'une fois dans sa vie : c'est bien assez. Je sais combien je suis coupable de vous causer, une fois, cette douleur atroce ; je serais beaucoup plus coupable, si je m'y prenais de manière

---

9. *Despotisme : forme de gouvernement dans lequel une seule personne détient tous les pouvoirs.*

qu'elle pût se renouveler. Je ne sais pas si ce n'est pas une bien grande cruauté,
85 ajoutée à toutes les autres, que de vous dire cela, mais je me suis imaginé qu'à la
longue votre chagrin s'effacerait, que ce bon Charles et cette charmante Louise
viendraient à vous consoler; qu'ils vous feraient oublier un ingrat dont il vous serait
impossible de suivre les traces. Mon Dieu! ceux qui sont morts, on les oublie bien!
Est-ce que ceux qui partent pour ne jamais revenir ne sont pas absolument comme
90 s'ils étaient morts? Vous viendrez à vous dire cela, et le bon Dieu que vous priez si
bien permettra que vous fassiez pour moi comme on fait pour les morts. Si, au
contraire, vous connaissiez quel pays je parcours, si vous aviez des lettres de moi,
que d'angoisses! Chaque fois qu'elles retarderaient, ou chaque fois que vous
pourriez me croire en danger, ce serait pour vous la même chose que si je venais de
95 mourir sous vos yeux. Et puis, si après m'avoir compté pour perdu pendant bien
des années, Dieu permettait qu'un jour, au moment où vous termineriez une prière
plus fervente qu'à l'ordinaire, je me jetasse dans vos bras, grandi, vieilli, mécon-
naissable, mais votre fils cependant, mais vous parlant d'une voix connue dès mon
berceau, d'une voix acquise, formée, exercée près de vous et par vous, quel bon-
100 heur, quel moment d'ivresse céleste, n'est-ce pas? Ainsi, vous le voyez, il est bien
mieux pour vous de me compter pour mort et de laisser à la Providence le soin de
me ressusciter un jour à venir, si cela lui plaît. Et je vous promets que cela arrivera
un jour; ou au moins c'est que ça n'aura pas dépendu de moi. Je vous aime, j'aime
Louise et Charles, j'aime mon pays, et si j'y puis revenir, pour être utile à tous ceux
105 que j'aime, au lieu de leur être à charge, je le ferai.

> Voici un second extrait de *Charles Guérin*, où l'on retrouve
> Pierre faisant le récit de son voyage à son frère Charles. Il lui
> raconte comment, à Rome, il en est arrivé à choisir la vie
> religieuse.

Le calme pieux après la tempête

À mes manières on me croyait anglais, à mon visage on me prenait pour un Italien,
à mon langage on était assez porté à me reconnaître pour un compatriote. Mais de
quelle province? C'était une autre affaire. Je n'étais point du Sud, c'était bien clair.
Mais étais-je normand, picard ou breton? C'était bien difficile à dire. Je n'avais
110 l'accent d'aucune de ces provinces en particulier, mais un peu de tout cela mêlé
ensemble. Je mettais tout le monde d'accord en disant que j'étais américain. Cela
répondait à toutes les suppositions. Je voulus dire que j'étais canadien-français.
Autant aurait-il valu leur annoncer que je venais de la lune. Il est complètement
sorti de l'esprit du peuple en France qu'il y ait un Canada. Ceux qui me comprirent
115 crurent que j'étais un sauvage, et on m'accabla de mille sottes questions. Johnson
voulut mettre cela à profit. Il me suggéra gravement de me fabriquer un accou-
trement bizarre quelconque, s'offrant à devenir mon cornac[10], et à me montrer par

---

10. *Cornac: personne qui introduit et guide quelqu'un (un personnage officiel).*

11

curiosité en sus de la lanterne magique. Je ne goûtai point cette proposition et je fus singulièrement humilié du rôle qu'il ne tenait qu'à moi de jouer dans le pays de mes
120 ancêtres. C'était un rude désenchantement pour moi qui avais toujours rêvé à la France et qui n'avais pas même daigné regarder l'Angleterre en passant. […]

J'avais choisi une pension assez convenable, et je fis annoncer dans un journal qu'un jeune Américain, qui possédait à fond la langue française, s'offrait à donner des leçons d'anglais dans les familles. Il se présenta plusieurs élèves et l'on trouva que
125 je parlais très bien le français pour un Américain. Je songeai que si jamais j'allais m'échouer en Angleterre, je jouerais le même rôle en sens inverse. On trouverait là que je parle bien anglais *pour un Français*.

Je ne trouvais pas ce genre de vie très mauvais : j'étais introduit dans les meilleures familles en ma qualité de précepteur, et, avec une politesse exquise, on y dissimulait
130 tout ce que ma position secondaire pouvait avoir de blessant pour moi. Un jour cependant que je regardais la mer couverte de vaisseaux, aux pavillons de toutes les nations, cette belle Méditerranée, si étincelante et si engageante en comparaison des eaux ternes et froides de nos pays du Nord, me séduisit complètement. J'avais fait quelques petites épargnes, assez pour prendre un passage de seconde classe pour
135 l'Italie. J'eus bientôt fait mes malles, et, sans prendre congé de mes élèves, qui me devaient cependant encore quelques francs, je me trouvai le soir même à bord d'un brigantin faisant voile pour Gênes.

Je crus, après quelque temps passé dans cette ville, que je ne pourrais jamais en partir, et si j'étais né dans ses environs comme Christophe Colomb, j'aurais laissé à
140 d'autres le soin de découvrir l'Amérique. Je n'ai point fait fortune à Gênes : je m'y suis comporté en philosophe de l'école des péripatéticiens[11]. La belle promenade des môles[12] qui s'avance si loin dans la mer et d'où l'on peut contempler l'amphithéâtre de marbre et de verdure qui s'élève sur le penchant de la montagne ; celle d'*Acqua sola*, plus belle encore, et celle d'*Acqua verde*, où je coudoyais le soir les élégants
145 seigneurs, maîtres des palais que j'admirais tant, m'offrirent des charmes qui absorbèrent jour après jour, soirée après soirée. Passer son temps à contempler les palais des autres, c'est bien le meilleur moyen de n'en avoir jamais. Aussi je me trouvai bientôt en état de faire les tristes réflexions de la cigale : *quand la bise fut venue*, j'avais dépensé le reste de mon argent :

150   *Pas le plus petit morceau*
        De mouche ou de vermisseau !

Je cherchai de l'emploi. Je m'annonçai cette fois comme maître d'anglais et de français. Ce fut en vain, les élèves ne vinrent point. Vous allez croire que j'étais bien découragé ? N'avais-je pas la mer devant moi ? Quiconque a été matelot s'est assuré
155 un spécifique admirable contre la misère d'une part, et contre la fortune de l'autre.

---

11. *Péripatéticiens : partisans de la doctrine du philosophe grec Aristote. D'un mot signifiant « se promener » (autour du maître).*
12. *Môle : terre-plein qui s'avance à l'intérieur d'un bassin pour faciliter l'embarquement ou le débarquement des marchandises.*

Vous êtes à bout d'expédients: vous gagnez un port de mer. Il y a toujours un vaisseau en partance où l'on vous recevra, ne fût-ce que pour votre passage. Je m'engageai à un capitaine anglais qui partait pour Smyrne; un naufrage nous rejeta à Civitta-Vecchia. Je tombai bien malade dans cette petite ville. J'y serais mort autant de misère que de
160 fièvre, sans un vieux moine camaldule[13] qui s'intéressa à moi, me recueillit, et, dès que ma santé le permit, m'emmena à Rome où était son couvent.

Tous les chemins mènent à Rome, c'est un bien vieux proverbe; mais la route que j'avais suivie pour arriver dans la capitale du monde chrétien, n'en était pas moins singulière: et lorsque je songe à l'influence que cette circonstance devait avoir sur
165 mes destinées, j'y vois une Providence bien signalée. Ma maladie avait changé le cours de mes idées. Des pensées pieuses remplacèrent mon insouciance aventureuse, les projets ambitieux qui m'avaient poussé à courir le monde se réveillèrent, mais avec une autre couleur et une autre tendance. Je me reprochai d'avoir jusque-là perdu mon temps sans embrasser aucune des carrières nombreuses que je croyais
170 si faciles à trouver partout ailleurs que dans mon pays. J'eus honte de la vie que j'avais menée, et surtout je me désespérai, lorsque je pensai que j'avais eu la cruauté de ne pas écrire à ma mère. Vingt fois je pris la plume pour le faire, mais toujours elle me tomba des mains. J'ajournais chaque fois ma résolution, dans l'espoir d'avoir quelque chose de plus satisfaisant à vous annoncer.

175 Le moine qui m'avait recueilli était un vieillard respectable et savant, il occupait une charge importante dans sa maison. Il avait ses vues sur moi; mais, en homme habile, il me laissait à mes réflexions et me glissait rarement un mot de religion. Je vivais dans la communauté avec la parfaite liberté que j'aurais eue dans une hôtellerie. J'allais et je venais, sans que l'on parût s'occuper de moi.

180 Ce ne fut pas dans la colossale église de Saint-Pierre ni dans aucune des grandes basiliques que me vint l'idée d'embrasser la vie religieuse, mais dans une petite chapelle du Transtévère, devant une humble madone dont j'étais dans ce moment-là le seul suppliant. La solitude de cette église me rappela le calme religieux de nos églises du Canada. Une femme d'une quarantaine d'années, qui vint s'agenouiller
185 devant la madone avec un jeune garçon d'une dizaine d'années et une petite fille plus jeune que son frère, me rappela ma mère, avec qui elle me parut avoir quelque ressemblance. Je pensai que Charles, que je croyais ecclésiastique, était probablement agenouillé dans le sanctuaire de la chapelle du séminaire de Québec et peut-être ma mère et ma sœur dans l'église de R... Les lieux et les personnes se
190 représentèrent à mon imagination avec une réalité, un mouvement, une vie qui tenaient du prodige. Pour la première fois depuis mon départ, je versai des larmes abondantes. Je fis une fervente prière et je sortis de l'église un tout autre homme. Ma vocation religieuse était décidée.

---

13. *Camaldule: religieux de l'ordre de Saint-Romuald (ordre des bénédictins).*

BIBLIOGRAPHIE SOMMAIRE

1853   *Charles Guérin* (roman)
1884   *Études sur les poésies de François-Xavier Garneau et sur les commencements de la poésie française au Canada* (essai)

Plusieurs ouvrages historiques, biographiques et sur l'éducation.

SUJETS DE TRAVAUX SUGGÉRÉS

1. Dans une dissertation explicative, démontrez que, dans le premier extrait, « Loin des stupides préjugés de mon peuple », Pierre est un anticonformiste contestataire et que, dans le second, « Le calme pieux après la tempête », il est devenu conservateur.

2. Dans les deux extraits de *Charles Guérin*, analysez la vision qui se dégage des autres peuples.

3. Dans une analyse littéraire, étudiez l'idéalisme de Pierre dans le premier extrait, « Loin des stupides préjugés de mon peuple ».
Dans le second extrait, « Le calme pieux après la tempête », pouvons-nous encore parler d'idéalisme ?
Expliquez.

4. Étudiez le rapport qui existe entre le narrateur et sa mère.

5. Résumez la conception que le narrateur a du commerce, de l'industrie, des professions libérales et de la prêtrise.
Que pensez-vous de ces conceptions ?

6. Dans une dissertation explicative, démontrez que les deux extraits de *Charles Guérin* sont éminemment moralisateurs

ANTOINE GÉRIN-LAJOIE (1824-1882)

Après son cours classique fait à Nicolet, Antoine Gérin-Lajoie devient rédacteur et traducteur au journal La Minerve *à Montréal et entreprend, parallèlement, des études en droit. Admis au barreau en 1848, il abandonne sa carrière d'avocat et accepte un poste de fonctionnaire au ministère des Travaux publics. En 1852, il devient traducteur à l'Assemblée législative, puis bibliothécaire au Parlement (1856).*

Il a fondé la revue Soirées canadiennes *et s'est fait connaître par son poème, devenu chanson, « Un Canadien errant » qu'il écrivit à 18 ans. Il est également l'auteur de la première tragédie canadienne:* Le Jeune Latour *(1844).*

Jean Rivard, le défricheur (1862)

Aîné d'une famille de 12 enfants, Jean Rivard, à la suite de la mort de son père, décide de renoncer aux carrières libérales et de se faire défricheur. Il achète donc, d'un Anglais, une terre dans les Cantons de l'Est et avec l'aide d'un engagé, Pierre Gagnon, il s'installe peu à peu. Le lecteur a droit à la description de toutes les tâches du colon, depuis les semailles jusqu'aux moissons, et de l'abattage des arbres jusqu'à la construction de sa maison, qu'il partagera avec son ex-voisine qu'il épousera.

Cette vie simple et rustre, où l'activité physique domine, est heureusement parfois interrompue par des réflexions apportées par les lettres de Gustave Charmenil, l'ami de Jean Rivard, avocat en ville. L'auteur se sert de ce personnage pour dénigrer la vie en ville et, par le fait même, se faire le chantre de la vie rurale, comme si Charmenil incarnait ce que Jean Rivard serait devenu s'il avait eu le malheur de choisir une carrière libérale…
On peut, sans indiscrétion, lire une lettre de cette correspondance.

Les déboires d'un pauvre homme de la ville

Mon cher ami,

« Toujours gai, toujours badin, même au milieu des plus rudes épreuves, tu es bien l'être le plus heureux que je connaisse. Il est vrai que le travail, un travail quelconque est une des principales conditions du bonheur; et lorsque à cela se joint l'espérance d'améliorer, d'embellir chaque
5   jour sa position, le contentement intérieur doit être à peu près complet. Je te trouve heureux, mon cher Jean, d'avoir du travail: n'en a pas qui veut. J'en cherche en vain depuis plusieurs mois, afin d'obtenir les moyens de terminer ma cléricature[14]. J'ai frappé à toutes les portes. J'ai parcouru les bureaux de tous les avocats marquants, ne demandant rien de plus en échange de mes services que ma nourriture et le logement; partout on m'a répondu que le nombre des
10   clercs[15] était déjà plus que suffisant. J'ai visité les bureaux des cours de justice et ceux de l'enregistrement: même réponse. Hier j'ai parcouru tous les établissements d'imprimerie, m'offrant comme correcteur d'épreuves, mais sans obtenir plus de succès.

Invariablement, chaque matin, je pars de ma maison de pension et m'achemine vers les rues principales dans l'espoir d'y découvrir quelque chose à faire.

15   Souvent, je me rends jusqu'à la porte d'une maison où je me propose d'entrer, mais la timidité me fait remettre au lendemain, puis du lendemain à un autre jour jusqu'à ce que je finisse par renoncer tout à fait à ma démarche.

J'ai été jusqu'à m'offrir comme instituteur dans une campagne des environs, sans pouvoir être accepté à cause de ma jeunesse et de mon état de célibataire.

20   Je passe des journées à chercher, et le soir je rentre chez moi la tristesse dans le cœur. Parmi ceux à qui je m'adresse, les uns me répondent froidement qu'ils n'ont besoin de personne, les autres me demandent mon nom et mon adresse, les plus compatissants laissent échapper quelques mots de sympathie. Mais je suis à peine sorti qu'on ne pense plus à moi. Ah! je me suis dit souvent qu'il n'est pas de travail plus pénible que celui de chercher du travail. Un ingénieux
25   écrivain a fait un livre fort amusant intitulé: *Jérome Paturot à la recherche d'une position sociale*; j'en pourrais faire un, moins amusant mais beaucoup plus vrai, intitulé: *Gustave Charmenil à la recherche d'un travail quelconque*. Tu sais que j'ai toujours été timide, gauche: je ne suis guère changé sous ce rapport; je crois même que ce défaut qui nuit beaucoup dans le monde s'accroît chez moi de jour en jour. Te dirai-je une chose, mon cher ami? J'en suis venu à
30   croire que, à moins d'avoir un extérieur agréable, une certaine connaissance du monde, une mise un peu élégante, et surtout une haute idée de soi-même et le talent de se faire valoir, il n'est guère possible de parvenir ou, comme on dit parmi nous, de « faire son chemin ». Le révolutionnaire Danton prétendait que pour réussir en révolution il fallait de l'audace, de l'audace et toujours de l'audace; on pourrait adoucir un peu le mot et dire que pour réussir dans le monde
35   il faut du front, du front, beaucoup de front. J'en connais, mon cher ami, qui, grâce à cette recette, font chaque jour des merveilles.

L'agitation d'esprit dans laquelle je vis ne me permet de rien faire à tête reposée. Je ne puis pas même lire; si je prends un livre, mes yeux seuls parcourent les lignes, mon esprit est ailleurs. Je ne puis rien écrire, et cette époque est complètement stérile pour ce qui regarde mon avance-
40   ment intellectuel.

Et pendant tout ce temps je suis seul à m'occuper ainsi de moi; pas un être au monde ne s'intéresse activement à mon sort, à moi qui aurais tant besoin de cela!

Mais ne va pas croire, mon cher ami, que je suis le seul à me plaindre. Une grande partie des jeunes gens instruits, ou qui se prétendent instruits, sont dans le même cas que moi, et ne
45   vivent, suivant l'expression populaire, qu'en « tirant le diable par la queue[16] ». Qu'un mince

---

14. *Cléricature: temps pendant lequel on doit étudier une profession.*
15. *Clerc: celui qui se prépare, dans l'étude d'un notaire ou d'un avocat, à l'exercice de l'une de ces professions.*
16. *Tirer le diable par la queue: être dans la misère.*

emploi de copiste se présente dans un bureau public, pas moins de trois ou quatre cents personnes le solliciteront avec instance. Vers la fin de l'hiver on rencontre une nuée de jeunes commis marchands cherchant des situations dans les maisons de commerce ; un bon nombre sont nouvellement arrivés de la campagne, et courent après la toison d'or ; plusieurs d'entre
50 eux en seront quittes pour leurs frais de voyage ; parmi les autres, combien végéteront ? combien passeront six, huit, dix ans derrière un comptoir avant de pouvoir ouvrir boutique à leur propre compte ? Puis, parmi ceux qui prendront à leur compte, combien résisteront pendant seulement trois ou quatre ans ? Presque tous tomberont victimes d'une concurrence ruineuse ou de l'inexpérience, et seront condamnés à une vie misérable. Ah ! si tu savais, mon cher, que
55 de soucis, de misère, se cachent quelquefois sous un paletot à la mode ! Va, sois sûr d'une chose : il y a dans la classe agricole, avec toute sa frugalité, sa simplicité, ses privations apparentes, mille fois plus de bonheur et je pourrais dire de véritable aisance que chez la grande majorité des habitants de nos cités, avec leur faste emprunté et leur vie de mensonge.

Quand je vois un cultivateur vendre sa terre à la campagne pour venir s'établir en ville, en qualité
60 d'épicier, de cabaretier, de charretier, je ne puis m'empêcher de gémir de douleur. Voilà donc encore, me dis-je, un homme voué au malheur ! Et il est rare qu'en effet cet homme ne soit pas complètement ruiné après trois ou quatre années d'exercice de sa nouvelle industrie.

Et ses enfants, que deviennent-ils ? Dieu le sait.

Plus j'y songe, mon cher ami, plus j'admire le bon sens dont tu as fait preuve dans le choix de
65 ton état. Et quand je compare ta vie laborieuse, utile, courageuse, à celle d'un si grand nombre de nos jeunes muscadins[17] qui ne semblent venus au monde que pour se peigner, se parfumer, se toiletter, se dandiner dans les rues… oh ! je me sens heureux et fier d'avoir un ami tel que toi.

Je suis tellement dégoûté de la vie que je mène, mon cher Jean, que si je me sentais la force physique nécessaire, je te prierais de m'adjoindre à ton Pierre Gagnon qui, d'après le portrait
70 que tu m'en fais, est bien l'homme le plus complètement heureux qu'il soit possible de trouver. Où donc le bonheur va-t-il se nicher ? Mais je ne te serais guère utile, au moins pendant longtemps ; je n'ai plus cette santé robuste dont je jouissais au collège. Les soucis, les inquiétudes ont affaibli mon estomac ; ma digestion ne se fait plus qu'avec peine. Je souffre déjà de cette maladie si commune parmi les gens de ma classe, la dyspepsie. Quelle différence encore
75 entre toi et moi sous ce rapport ! Tes forces, me dis-tu, s'accroissent de jour en jour, tu possèdes un estomac d'autruche, et tu ignores encore ce que c'est qu'une indisposition même passagère. Ah ! mon cher ami, que je te félicite ! La santé, vois-tu, je l'entends dire tous les jours, et avec vérité, c'est le premier des biens terrestres.

Tu veux absolument que je te donne des nouvelles de ma Belle inconnue. Eh bien ! mon cher ami,
80 je continue à la voir chaque dimanche à l'église, et j'en suis de plus en plus épris. J'ai fait un grand pas cependant depuis que je t'ai écrit ; je sais maintenant où elle demeure. J'ai été assez hardi un jour pour la suivre (de fort loin, bien entendu) jusqu'à un bloc de grandes maisons en pierre de taille à trois étages, dans un des quartiers fashionables[18] de la cité. Je la vis franchir le seuil de l'une des portes et entrer lestement dans la maison. Plusieurs fois ensuite, je la vis entrer par la
85 même porte, de sorte que je n'eus plus de doute sur le lieu de sa résidence. Je puis maintenant diriger vers ce lieu poétique mes promenades du soir ; durant les heures d'obscurité, je passe et repasse, sans être remarqué, vis-à-vis cette maison où elle est, où elle respire, où elle parle, où elle rit, où elle brode… N'est-ce pas que ce doit être un petit paradis ? J'entends quelquefois dans le salon les sons du piano et les accents d'une voix angélique, je n'ai aucun doute que ce ne soit
90 celle de ma belle inconnue. Imagine-toi que l'autre soir, comme je portais mes regards vers une des fenêtres de la maison, les deux petits volets intérieurs s'ouvrirent tout à coup et j'aperçus… tu devines ?… ma belle inconnue en corps et en âme se penchant pour regarder dehors !… Tu peux croire si le cœur me bondit. Je fus tellement effrayé que je pris la fuite comme un fou, sans trop savoir où j'allais, et je ne suis pas retourné là depuis. J'y retournerai toutefois, mais je ne
95 veux pas savoir son nom. Ah ! quand on aime comme moi, mon cher ami, qu'il est triste d'être pauvre !

Adieu et au revoir,
Gustave Charmenil

17. *Muscadin : jeune prétentieux, d'une coquetterie ridicule dans sa mise et ses manières.*
18. *Fashionable : à la mode, en vogue.*

Va, sois sûr d'une chose : il y a dans la classe agricole, avec toute sa frugalité, sa simplicité, ses privations apparentes, mille fois plus de bonheur et je pourrais dire de véritable aisance, que chez la grande majorité des habitants de nos cités, avec leur faste emprunté et leur vie de mensonge.

Jean Rivard, l'économiste (1864)

Jean Rivard, le défricheur se terminait sur l'ouverture d'une route, qui mettait fin à l'isolement du personnage principal et faisait tripler la valeur de sa terre. Avec *Jean Rivard, l'économiste*, la suite du roman précédent, on continue d'assister à l'ascension du héros qui érige une paroisse, sorte de paradis de paix, où tous, même le médecin, doivent posséder et cultiver une terre, seule voie de salut. Nommé maire, puis député de cette nouvelle contrée, l'homme politique décide de redevenir cultivateur, sentant que le défrichement des terres est plus utile que les palabres à la Chambre. Dans ce roman, Antoine Gérin-Lajoie fait de son personnage un physiocrate, c'est-à-dire un économiste qui accorde la priorité à l'agriculture et qui ne prise pas trop le commerce et l'industrie. Il n'accepte ces activités que si elles sont assujetties à l'agriculture. Il privilégie cependant l'éducation, crée une commission scolaire et engage de bons éducateurs dans cet univers fermé qui porte d'ailleurs son nom : Rivardville.

Une race d'ignares sans « maître »

Peu de temps après l'érection de Rivardville en municipalité régulière, Jean Rivard, en sa qualité de maire, convoqua une assemblée publique où fut discutée la question de l'éducation. Il s'agissait d'abord de nommer des commissaires chargés de faire appliquer la loi et d'établir des écoles, suivant le besoin, dans les différentes parties
5 de la paroisse.

Ce fut un beau jour pour Gendreau-le-Plaideux. Jamais il n'avait rêvé un plus magnifique sujet d'opposition.

« Qu'avons-nous besoin, s'écria-t-il aussitôt, qu'avons-nous besoin de commissaires d'école ? On s'en est bien passé jusqu'aujourd'hui, ne peut-on pas s'en passer encore ?
10 Défiez-vous, mes amis, répétait-il du ton le plus pathétique, défiez-vous de toutes ces nouveautés ; cela coûte de l'argent ! c'est encore un piège qui vous est tendu à la suggestion du gouvernement. Une fois des commissaires nommés, on vous taxera sans miséricorde, et si vous ne pouvez pas payer, on vendra vos propriétés »…

Ces paroles, prononcées avec force et avec une apparence de conviction, firent sur
15 une partie des auditeurs un effet auquel Jean Rivard ne s'attendait pas.

Pour dissiper cette impression, il dut en appeler au bon sens naturel de l'auditoire et commencer par faire admettre au père Gendreau lui-même la nécessité incontestable de l'instruction.

« Supposons, dit-il, en conservant tout son sang-froid et en s'exprimant avec toute
20 la clarté possible, supposons que pas un individu parmi nous ne sache lire ni écrire :
que ferions-nous ? où en serions-nous ? Vous admettrez sans doute, Monsieur
Gendreau, que nous ne pouvons pas nous passer de prêtres ?

– C'est bon, j'admets qu'il en faut, dit le père Gendreau.
– Ni même de magistrats, pour rendre la justice ?
25 – C'est bon encore.
– Vous admettrez aussi, n'est-ce pas, que les notaires rendent quelquefois service
en passant les contrats de mariage, en rédigeant les testaments, etc. ?
– Passe encore pour les notaires.
– Et même, sans être aussi savant qu'un notaire, n'est-ce pas déjà un grand avan-
30 tage que d'en savoir assez pour lire à l'église les prières de la messe, et voir sur
les gazettes ce que font nos membres au Parlement, et tout ce qui se passe dans
le monde ? Et lorsqu'on ne peut pas soi-même écrire une lettre, n'est-ce pas commode de pouvoir la faire inscrire par quelqu'un ? N'est-ce pas commode aussi,
lorsque soi-même on ne sait pas lire, de pouvoir faire lire par d'autres les lettres
35 qu'on reçoit de ses amis, de ses frères, de ses enfants ?... »

Il se fit un murmure d'approbation dans l'auditoire.

– Oui, c'est vrai, dit encore le père Gendreau, d'une voix sourde.

Il était d'autant moins facile au père Gendreau de répondre négativement à cette
question que, lors de son arrivée dans le canton de Bristol, il avait prié Jean Rivard
40 lui-même d'écrire pour lui deux ou trois lettres d'affaires assez importantes.

– Supposons encore, continua Jean Rivard, que vous, Monsieur Gendreau, vous
auriez des enfants pleins de talents naturels, annonçant les meilleures dispo-
sitions pour l'étude, lesquels, avec une bonne éducation, pourraient devenir des
hommes éminents, des juges, des prêtres, des avocats... n'aimeriez-vous pas à
45 pouvoir les envoyer à l'école ?

Jean Rivard prenait le père Gendreau par son faible ; la seule pensée d'avoir un
enfant qui pût un jour être avocat suffisait pour lui troubler le cerveau.

Gendreau-le-Plaideux fit malgré lui un signe de tête affirmatif.

– Eh bien! dit Jean Rivard, mettez-vous un moment à la place des pères de famille,
50   et ne refusez pas aux autres ce que vous voudriez qu'on vous eût fait à vous-
même. Qui sait si avec un peu plus d'éducation vous ne seriez pas vous-même
devenu avocat?

Toute l'assemblée se mit à rire. Le père Gendreau était désarmé.

– Pour moi, continua Jean Rivard, chaque fois que je rencontre sur mon chemin un
55   de ces beaux enfants au front élevé, l'œil vif, présentant tous les signes de l'intelligence, je ne m'informe pas quels sont ses parents, s'ils sont riches ou s'ils
sont pauvres, mais je me dis que ce serait pécher contre Dieu et contre la société
que de laisser cette jeune intelligence sans culture. N'êtes-vous pas de mon avis,
Monsieur Gendreau?

60   Il y eut un moment de silence. Jean Rivard attendait une réponse; mais le père
Gendreau, voyant que l'assemblée était contre lui, crut plus prudent de se taire.
On put donc, après quelques conversations particulières, procéder à l'élection
des commissaires.

Jean Rivard, le père Landry, Gendreau-le-Plaideux et un autre furent adjoints à mon-
65   sieur le curé pour l'établissement et l'administration des écoles de Rivardville.

C'était un grand pas de fait; mais le plus difficile restait encore à faire.

En entrant en fonctions, les commissaires durent rechercher les meilleurs moyens
de subvenir à l'entretien des écoles; après de longues délibérations, ils en vinrent à
la conclusion que le seul moyen praticable était d'imposer, comme la loi y avait
70   pourvu, une légère contribution à chacun des propriétaires de la paroisse, suivant la
valeur de ses propriétés.

Cette mesure acheva de monter l'esprit de Gendreau-le-Plaideux, d'autant plus irrité
que, n'ayant pas lui-même d'enfant, sa propriété se trouvait ainsi imposée pour faire
instruire les enfants des autres.

75   Les séances des commissaires étaient publiques, et elles attiraient presque toujours
un grand concours de personnes.

Celle où fut décidée cette question fut une des plus orageuses.

Jean Rivard eut beau représenter que lui et sa famille possédaient plus de propriétés
qu'aucun autre des habitants de Rivardville, et qu'ils seraient taxés en conséquence,
80   que les bienfaits de l'éducation étaient assez importants pour mériter un léger
sacrifice de la part de chacun, que les enfants pauvres avaient droit à l'éducation
comme ceux des riches, et d'autres raisons également solides, Gendreau ne cessait
de crier comme un forcené: on veut nous taxer, on veut nous ruiner à tout jamais
pour le seul plaisir de faire vivre des maîtres d'école; à bas les taxes, à bas les gens
85   qui veulent vivre aux dépens du peuple, à bas les traîtres…

À ces mots, Gendreau-le-Plaideux, qui s'épuisait en gesticulations de toutes sortes, se sentit tout à coup saisir par les épaules comme entre deux étaux; et une voix de tonnerre lui cria dans les oreilles:

« Ferme ta margoulette[19], vieux grognard. »

90   Et, se tournant, il aperçut Pierre Gagnon.

- C'est Pierre Gagnon, dit-il, qui vient mettre le désordre dans l'assemblée?

–   Oui, c'est moi, tonnerre d'un nom! dit Pierre Gagnon, d'un air déterminé, et en regardant le père Gendreau avec des yeux furibonds.

Il y eut un mouvement dans l'assemblée; les uns riaient, les autres étaient très
95   sérieux.

« J'en veux des écoles, moi, tonnerre d'un nom! » criait Pierre Gagnon avec force.

Jean Rivard intervint et s'aperçut que Pierre Gagnon était tout frémissant de colère; il avait les deux poings fermés, et son attitude était telle que plusieurs des partisans du père Gendreau sortirent de la salle d'eux-mêmes. Jean Rivard craignit même un
100   instant que son ancien serviteur ne se portât à quelque voie de fait.

Cet incident, quoique assez peu grave en lui-même, fit cependant une impression fâcheuse, et monsieur le curé, qui ne se mêlait pourtant que le moins possible aux réunions publiques, crut devoir cette fois adresser quelques mots à l'assemblée sur le sujet qui faisait l'objet de ses délibérations. Il parla longuement de l'importance de
105   l'éducation, et s'exprima avec tant de force et d'onction, qu'il porta la conviction dans l'esprit de presque tous ceux qui avaient résisté jusque-là.

La mesure fut définitivement emportée et il ne restait plus qu'à mettre les écoles en opération *[sic]*.

---

19.   *Ferme ta margoulette: tais-toi.*

BIBLIOGRAPHIE SOMMAIRE

1844	*Le Jeune Latour* (théâtre)
1840-1850	*Dix ans d'histoire du Canada* (ouvrage historique)
1862	*Jean Rivard, le défricheur* (roman)
1864	*Jean Rivard, l'économiste* (roman)

SUJETS DE TRAVAUX SUGGÉRÉS

1. Prouvez que la lettre écrite par Gustave Charmenil n'est que la transposition de l'idéologie de Jean Rivard.
   Récrivez donc une partie de cette lettre en jouant le jeu d'être Jean Rivard s'imaginant Gustave malheureux en ville et communiquant à son ami les grandes joies de la paisible vie loin de la civilisation.

2. Dans une dissertation explicative, comparez l'extrait intitulé « Les déboires d'un pauvre homme de la ville » à l'extrait tiré de *La Terre paternelle* de Patrice Lacombe intitulé « Le paradis et l'enfer d'un faux commerçant ».

3. Le contenu de la lettre de Gustave Charmenil, pourtant écrite en 1862, est éminemment contemporain.
   Défendez cette idée en vous référant à la situation socio-économique des jeunes de l'an 2000.

4 Analysez l'opposition ville-campagne contenue dans la lettre signée par Gustave Charmenil.

5 Démontrez que Gustave Charmenil possède les caractéristiques de l'âme romantique.

6. Quelle vision de l'enseignement est véhiculée dans l'extrait intitulé « Une race d'ignares sans "maître" » ?
   Tenez compte de tous les personnages pour répondre à cette question.

7. Appliquez la grille actantielle à l'extrait « Une race d'ignares sans "maître" ». Déterminez d'abord la quête et repérez les adjuvants et les opposants.
   Expliquez bien en quel sens ils sont adjuvants ou opposants.

LOUIS HÉMON (1880-1913)

Il est étonnant de constater que celui qui est considéré par certains critiques littéraires comme le premier vrai romancier d'ici vient de Bretagne. Issu d'une famille d'universitaires, Louis Hémon fait ses études de droit. Mais en lui vit une sorte de Survenant qui l'attire vers un « ailleurs »; le long voyage qu'il fait en Angleterre (1903-1911) annonce déjà une prédilection pour l'aventure au-delà des limites européennes. Voulant échapper à la civilisation et prendre un « bain de primitivisme », il se retrouve au Lac-Saint-Jean, à Péribonka où, tout comme Albert Chabrol dans Trente Arpents, *il se fait engager sur une ferme. Durant son séjour, il prend des notes. De ses fines observations de psychologue et de sociologue naîtra* Maria Chapdelaine, *qui est considéré comme un classique de la littérature québécoise: il a atteint son plus fort tirage avant la Seconde Guerre mondiale, a été traduit en plus de 20 langues et lu, estime-t-on, par une dizaine de millions de lecteurs.*

À 33 ans, alors qu'il se rend dans les prairies de l'Ouest, Louis Hémon meurt tragiquement, en Ontario, happé par un train.

Maria Chapdelaine (1913)

Maria, jeune pionnière de 20 ans, vit enfermée dans la forêt sauvage qui a fait périr celui qu'elle aimait, François Paradis. Comme si ce deuil ne suffisait pas, elle assiste, peu de temps après, à la mort de sa mère. Parallèlement, deux prétendants veulent l'épouser: Eutrope Gagnon lui offre la vie paisible de Péribonka alors que Lorenzo Surprenant lui fait miroiter l'attrait des grandes villes américaines. Nous la retrouvons, dans l'extrait qui suit, en conflit avec elle-même, réticente à choisir les États-Unis parce que trop habitée par un sentiment d'appartenance au Québec et un désir de suivre les traces de sa mère. Les voix de sa conscience, qui correspondent aux valeurs de l'idéologie de conservation, l'aideront à choisir.

Une première voix en guise de réponse[20]

Maria, assise, près de la petite fenêtre, regarda quelque temps sans y penser le ciel, le sol blanc, la barre lointaine de la forêt, et tout à coup il lui sembla que cette question qu'elle s'était posée à elle-même venait de recevoir une réponse. Vivre ainsi, dans ce pays, comme sa mère avait vécu, et puis mourir et laisser derrière soi un
5 homme chagriné et le souvenir des vertus essentielles de sa race, elle sentait qu'elle serait capable de cela. Elle s'en rendait compte sans aucune vanité et comme si la réponse était venue d'ailleurs. Oui, elle serait capable de cela; et une sorte d'étonnement lui vint, comme si c'était là une nouvelle révélation inattendue.

Elle pourrait vivre ainsi; seulement… elle n'avait pas dessein de le faire… Un peu
10 plus tard, quand ce deuil serait fini, Lorenzo Surprenant reviendrait des États pour la troisième fois et l'emmènerait vers l'inconnu magique des villes, loin des grands bois qu'elle détestait, loin du pays barbare où les hommes qui s'étaient écartés mouraient sans secours, où les femmes souffraient et agonisaient longuement, tandis qu'on s'en allait chercher une aide inefficace au long des interminables chemins emplis de
15 neige. Pourquoi rester là, et tant peiner, et tant souffrir lorsqu'on pouvait s'en aller vers le Sud et vivre heureux?

Le vent tiède qui annonçait le printemps vint battre la fenêtre, apportant quelques bruits confus: le murmure des arbres serrés dont les branches frémissent et se frôlent, le cri lointain d'un hibou. Puis le silence solennel régna de nouveau. Samuel
20 Chapdelaine s'était endormi; mais ce sommeil au chevet de la mort n'avait rien de grossier ni de sacrilège; le menton sur sa poitrine, les mains ouvertes sur ses genoux, il semblait plongé dans un accablement triste, ou bien enfoncé dans une demi-mort volontaire où il suivit d'un peu plus près la disparue.

Maria se demandait encore: pourquoi rester là, et tant peiner, et tant souffrir?
25 Pourquoi? … Et, comme elle ne trouvait pas de réponse, voici que du silence de la nuit, à la longue, des voix s'élevèrent.

Elles n'avaient rien de miraculeux, ces voix; chacun de nous en entend de semblables lorsqu'il s'isole et se recueille assez pour laisser loin derrière lui le tumulte mesquin de la vie journalière. Seulement, elles parlent plus haut et plus clair aux
30 cœurs simples, au milieu des grands bois du Nord et des campagnes désolées. Comme Maria songeait aux merveilles lointaines des cités, la première voix vint lui rappeler en chuchotant les cent douceurs méconnues du pays qu'elle voulait fuir.

L'apparition quasi miraculeuse de la terre au printemps, après les longs mois d'hiver… La neige redoutable se muant en ruisselets espiègles sur toutes les pentes; les racines
35 surgissant, puis la mousse encore gonflée d'eau, et bientôt le sol délivré sur lequel on marche avec des regards de délice et des soupirs d'allégresse, comme en une exquise convalescence… Un peu plus tard les bourgeons se montraient sur les bouleaux, les aunes et les trembles, le bois de charme se couvrait de fleurs roses, et après le repos forcé de l'hiver le dur travail de la terre était presque une fête; peiner du matin au soir
40 semblait une permission bénie…

Le bétail enfin délivré de l'étable entrait en courant dans les clos et se gorgeait d'herbe neuve. Toutes les créatures de l'année: les veaux, les jeunes volailles, les agnelets batifolaient au soleil et croissaient de jour en jour tout comme le foin et

---

20. *Nous avons subdivisé l'extrait de* Maria Chapdelaine *en trois parties correspondant aux trois voix entendues par Maria.*

l'orge. Le plus pauvre des fermiers s'arrêtait parfois au milieu de sa cour ou de ses
45 champs, les mains dans ses poches, et savourait le grand contentement de savoir que
la chaleur du soleil, la pluie tiède, l'alchimie généreuse de la terre — toutes sortes de
forces géantes — travaillaient en esclaves soumises pour lui... pour lui.

Après cela, c'était l'été : l'éblouissement des midis ensoleillés, la montée de l'air
brûlant qui faisait vaciller l'horizon et la lisière du bois, les mouches tourbillonnant
50 dans la lumière, et à trois cents pas de la maison les rapides et la chute — écume
blanche sur l'eau noire — dont la seule vue répandait une fraîcheur délicieuse. Puis la
moisson, le grain nourricier s'empilant dans les granges, l'automne, et bientôt l'hiver
qui revenait... Mais voici que miraculeusement l'hiver ne paraissait plus détestable ni
terrible : il apportait tout au moins l'intimité de la maison close et, au dehors, avec la
55 monotonie et le silence de la neige amoncelée, la paix, une grande paix...

Dans les villes il y aurait les merveilles dont Lorenzo Surprenant avait parlé, et ces
autres merveilles qu'elle imaginait elle-même confusément : les larges rues illu-
minées, les magasins magnifiques, la vie facile, presque sans labeur, emplie de petits
plaisirs. Mais peut-être se lassait-on de ce vertige à la longue, et les soirs où l'on ne
60 désirait rien que le repos et la tranquillité, où retrouver la quiétude des champs et des
bois, la caresse de la première brise fraîche, venant du nord-ouest après le coucher
du soleil, et la paix infinie de la campagne s'endormant tout entière dans le silence ?

Une seconde voix

« Ça doit être beau pourtant ! » se dit-elle en
songeant aux grandes cités américaines. Et
65 une autre voix s'éleva comme une réponse. Là-
bas, c'était l'étranger : des gens d'une autre
race parlant d'autre chose dans une autre
langue, chantant d'autres chansons... Ici...

Tous les noms de son pays, ceux qu'elle
70 entendait tous les jours, comme ceux qu'elle
n'avait entendus qu'une fois, se réveillèrent
dans sa mémoire : les mille noms que des
paysans pieux venus de France ont donnés aux
lacs, aux rivières, aux villages de la contrée
75 nouvelle qu'ils découvraient et peuplaient à
mesure... lac à l'Eau-Claire... la Famine...
Saint-Cœur-de-Marie... Trois-Pistoles...
Sainte-Rose-du-Dégel... Pointe-aux
Outardes... Saint-André-de-l'Épouvante...

Le bétail enfin délivré de l'étable entrait en
courant dans les clos et se gorgeait d'herbe
neuve. Toutes les créatures de l'année : les
veaux, les jeunes volailles, les agnelets batifolaient au soleil et croissaient de jour en jour
tout comme le foin et l'orge.

80 Eutrope Gagnon avait un oncle qui demeurait à
Saint-André-de-l'Épouvante ; Racicot, de
Honfleur, parlait souvent de son fils, qui était
chauffeur à bord d'un bateau du Golfe, et chaque fois c'étaient encore des noms nouveaux qui venaient s'ajouter aux anciens : les noms de villages de pêcheurs ou de petits
85 ports du Saint-Laurent, dispersés sur les rives entre lesquelles les navires d'autrefois
étaient montés bravement vers l'inconnu... Pointe-Mille-Vaches... les Escoumins...
Notre-Dame-du-Portage... les Grandes-Bergeronnes... Gaspé... Qu'il était plaisant
d'entendre prononcer ces noms, lorsqu'on parlait de parents ou d'amis éloignés, ou
bien de longs voyages ! Comme ils étaient familiers et fraternels, donnant chaque fois
90 une sensation chaude de parenté, faisant que chacun songeait en les répétant : « Dans
tout ce pays-ci nous sommes chez nous... chez nous ! »

Vers l'ouest, dès qu'on sortait de la province, vers le sud, dès qu'on avait passé la frontière, ce n'était plus partout que des noms anglais, qu'on apprenait à prononcer à la longue et qui finissaient par sembler naturels sans doute ; mais où retrouver la
95 douceur joyeuse des noms français ?

Les mots d'une langue étrangère sonnant sur toutes les lèvres, dans les rues, dans les magasins… De petites filles se prenant par la main pour danser une ronde et entonnant une chanson que l'on ne comprenait pas… Ici…

Maria regardait son père, qui dormait toujours, le menton sur sa poitrine comme un
100 homme accablé qui médite sur la mort, et tout de suite elle se souvint des cantiques et des chansons naïves qu'il apprenait aux enfants presque chaque soir.

À la claire fontaine,
M'en allant promener…

Dans les villes des États, même si l'on apprenait aux enfants ces chansons-là, sûre-
105 ment ils auraient vite fait de les oublier !

Les nuages épars qui tout à l'heure défilaient d'un bout à l'autre du ciel baigné de lune s'étaient fondus en une immense nappe grise, pourtant ténue, qui ne faisait que tamiser la lumière ; le sol couvert de neige mi-fondue était blafard, et entre ces deux étendues claires la lisière de la forêt s'allongeait comme le front d'une armée.

110 Maria frissonna ; l'attendrissement qui était venu baigner son cœur s'évanouit ; elle se dit une fois de plus :

« Tout de même… c'est un pays dur, icitte. Pourquoi rester ? »

Et une troisième voix

Alors une troisième voix plus grande que les
115 autres s'éleva dans le silence : la voix du pays de Québec, qui était à moitié un chant de femme et à moitié un sermon de prêtre.

Elle vint comme un son de cloche, comme la clameur auguste des orgues dans les églises,
120 comme une complainte naïve et comme le cri perçant et prolongé par lequel les bûcherons s'appellent dans les bois. Car en vérité tout ce qui fait l'âme de la province tenait dans cette voix : la solennité chère du vieux culte, la douceur de la vieille langue jalousement gardée, la splendeur et la force barbare du pays neuf où
125 une racine ancienne a retrouvé son adolescence.

Elle disait :

« Nous sommes venus il y a trois cents ans et nous sommes restés… Ceux qui nous ont menés ici pourraient revenir parmi nous sans amertume et sans chagrin, car s'il est vrai que nous n'ayons guère appris, assurément nous n'avons rien oublié.

130 « Nous avions apporté d'outre-mer nos prières et nos chansons : elles sont toujours les mêmes. Nous avions apporté dans nos poitrines le cœur des hommes de notre pays, vaillant et vif, aussi prompt à la pitié qu'au rire, le cœur le plus humain de tous les cœurs humains : il n'a pas changé. Nous avons marqué un plan du continent nouveau, de Gaspé à Montréal, de Saint-Jean-d'Iberville à l'Ungava, en disant : « Ici
135 toutes les choses que nous avons apportées avec nous, notre culte, notre langue, nos vertus et jusqu'à nos faiblesses deviennent des choses sacrées, intangibles et qui devront demeurer jusqu'à la fin.

« Autour de nous des étrangers sont venus, qu'il nous plaît d'appeler les barbares ; ils ont pris presque tout le pouvoir ; ils ont acquis presque tout l'argent ; mais au pays de
140 Québec rien n'a changé. Rien ne changera, parce que nous sommes un témoignage. De nous-mêmes et de nos destinées, nous n'avons compris clairement que ce devoir-là : persister... nous maintenir... Et nous nous sommes maintenus, peut-être afin que dans plusieurs siècles encore le monde se tourne vers nous et dise : Ces gens sont d'une race qui ne sait pas mourir... Nous sommes un témoignage.

145 « C'est pourquoi il faut rester dans la province où nos pères sont restés, et vivre comme ils ont vécu, pour obéir au commandement inexprimé qui s'est formé dans leurs cœurs, qui a passé dans les nôtres et que nous devrons transmettre à notre tour à de nombreux enfants : Au pays de Québec rien ne doit mourir et rien ne doit changer... »

L'immense nappe grise qui cachait le ciel s'était faite plus opaque et plus épaisse, et
150 soudain la pluie recommença à tomber, approchant encore un peu l'époque bénie de la terre nue et des rivières délivrées. Samuel Chapdelaine dormait toujours, le menton sur sa poitrine, comme un vieil homme que la fatigue d'une longue vie dure aurait tout à coup accablé. Les flammes des deux chandelles fichées dans le chandelier de métal et dans la coupe de verre vacillaient sous la brise tiède, de sorte que des
155 ombres dansaient sur le visage de la morte et que ses lèvres semblaient murmurer des prières ou chuchoter des secrets.

Maria Chapdelaine sortit de son rêve et songea : « Alors je vais rester ici... de même ! » car les voix avaient parlé clairement et elle sentait qu'il fallait obéir. Le souvenir de ses autres devoirs ne vint qu'ensuite, après qu'elle se fût résignée, avec un
160 soupir. Alma-Rose était encore toute petite ; sa mère était morte et il fallait bien qu'il restât une femme à la maison. Mais, en vérité, c'étaient les voix qui lui avaient enseigné son chemin.

La pluie crépitait sur les bardeaux du toit, et la nature heureuse de voir l'hiver fini envoyait par la fenêtre ouverte de petites bouffées de brise tiède qui semblaient des
165 soupirs d'aise. À travers les heures de la nuit Maria resta immobile, les mains croisées dans son giron[21], patiente et sans amertume, mais songeant avec un peu de regret pathétique aux merveilles lointaines qu'elle ne connaîtrait jamais et aussi aux souvenirs tristes du pays où il lui était commandé de vivre ; à la flamme chaude qui n'avait caressé son cœur que pour s'éloigner sans retour, et aux grands bois emplis
170 de neige d'où les garçons téméraires ne reviennent pas.

---

21. *Giron : pan de vêtement taillé en pointe, allant de la ceinture aux genoux, chez une personne assise.*

BIBLIOGRAPHIE SOMMAIRE

1913   *Maria Chapdelaine* (roman)
1924   *Colin-Maillard* (roman)
1925   *Battling Malone, pugiliste* (roman)
1968   *Louis Hémon, lettres à sa famille*, de Nicole DESCHAMPS,
        Montréal, Presses de l'Université de Montréal, 1968 (correspondance).

SUJETS DE TRAVAUX SUGGÉRÉS

1. À partir de l'extrait de *Maria Chapdelaine* subdivisé en trois parties, analysez chacune des trois voix que Maria entend.

    Pour chacune des voix, faites un inventaire systématique du lexique : mots et expressions utilisés. Ces trois inventaires vous permettront de découvrir le dénominateur commun existant entre les éléments lexicaux que vous avez inventoriés. Vous pourrez ainsi comprendre à quoi correspondent ces trois voix.
    Que concluez-vous ?

2. Quelle vision de la terre Louis Hémon présente-t-il dans l'extrait sélectionné dans cette anthologie : une vision idéalisée, réaliste ou pessimiste ?
    Justifiez votre réponse.

3. L'œuvre de Louis Hémon a été interprétée de deux façons paradoxales. Certains y ont vu l'allégorie d'un peuple qui se donne la noble mission de survivre. Pour d'autres, par contre, *Maria Chapdelaine* symbolise l'aliénation d'un peuple qui ne se définit qu'en fonction du passé, croyant qu'« au pays de Québec [...] rien ne doit changer... ».

    À laquelle de ces deux interprétations vous ralliez-vous ?
    Étayez votre point de vue.

4. Étudiez la dimension symbolique de la description de la température qui vient ponctuer la réflexion de Maria Chapdelaine.

5. L'extrait tiré du roman de Louis Hémon respecte-t-il la structure événementielle suivante : situation initiale, enclencheur, péripéties, dénouement ?
    Expliquez.

6. Démontrez que *Maria Chapdelaine* fait partie de la littérature identitaire.

FÉLIX-ANTOINE SAVARD (1895-1982)

Né à Québec, c'est au séminaire de cette ville que Félix-Antoine Savard fait ses études classiques ; devenu prêtre, c'est dans cette même institution qu'il enseignera durant quelques années. Il quitte l'enseignement pour fonder une paroisse dans le comté de Charlevoix, où il sera curé durant une quinzaine d'années.

Parallèlement à ses activités sacerdotales, il participe activement à la colonisation de l'Abitibi, région qu'il visite à plusieurs reprises. Il y côtoie des bûcherons et des draveurs dont il s'inspirera pour créer Menaud, maître-draveur. *En 1943, il revient à l'enseignement comme professeur à l'Université Laval, où il sera doyen de 1950 à 1956. À l'âge de 42 ans, il publie son premier roman,* Menaud, maître-draveur, *qualifié de roman-poème ou de roman épique puisque les personnages servent de prétexte pour soutenir un discours idéologique, voire patriotique. Son œuvre constitue un hommage à ceux qui ont bâti notre pays, celui qu'il faut, selon Savard, délivrer de la tutelle anglaise. Ce roman lui valut le Prix de la langue française de l'Académie française et le prix David (1939).*

Menaud, maître-draveur (1937)

L'extrait qui suit montre l'exaltation que ressent Menaud devant le beau spectacle de la drave, ainsi que la fierté qu'il éprouve de voir son fils Joson faisant partie de la race des « grands hardis ».

Un gaillard dansant sur les flots

Soudain l'embâcle se mit à
frémir, à gronder, à se hérisser.

La bête monstrueuse se dressa
sur l'eau, se tordit et se mit à
5 dévaler en vitesse, tandis que,
derrière elle, s'acharnaient
toutes les meutes de l'eau.

Et les hommes couraient le long,
piquant, criant des injures, pous-
10 sant tous les hourras de joie
remontés de leur vieux sang de
chasseurs d'embâcles.

Joson, surtout, faisait merveille,
ardent draveur, se démenant
15 comme il faisait, l'automne,
lorsqu'au bord des frayères du
Gagouët, il gaulait les truites vers
ses filets.

Et les hommes couraient le long, piquant, criant des injures, poussant tous les hourras de joie remontés de leur vieux sang de chasseurs d'embâcles.

Ohé! ohé! Tandis que les hommes agiles trimaient des jambes et des bras sur les
20 bords du chenal, et que le soleil, de sa cymbale d'or, frappait le pays d'alentour pour
l'éveiller à la vie, Menaud s'exaltait devant le spectacle des gais vainqueurs d'embâcles.

Au-dessus du tumulte, passait dans la coupe le souvenir des grands hardis, des
grands musclés, des grands libres d'autrefois : défilé triomphal dans les musiques de
25 l'eau guerrière, du vent de plaine et du vent de montagne, sous les étendards de
vapeur chaude qu'au-dessus du sol libéré déployait le printemps.

Tout cela chantait :
« Nous sommes venus il y a trois cents ans et nous sommes restés ! »

« Nous avons marqué un plan du continent nouveau, de Gaspé à Montréal, de Saint-
30 Jean-d'Iberville à l'Ungava, en disant : « Ici toutes les choses que nous avons
apportées avec nous, notre culte, notre langue, nos vertus et jusqu'à nos faiblesses
deviennent des choses sacrées, intangibles et qui devront demeurer jusqu'à la fin.

« Car nous sommes d'une race qui ne sait pas mourir ! »

35 Et Menaud s'imaginait voir Joson, Alexis, reprendre le pas héroïque, et bien d'autres encore avec eux, ralliés enfin par le grand ban[22] de race.

Cette vision lui contentait le sang, et répondait aux reproches qui lui taraudaient le cœur.

Toutes ses lâchetés à lui, ses années sous le joug, c'est Joson qui rachèterait cela…

Il lui avait proposé de quitter la drave et de retourner à Mainsal.

40 Il serait dur, sans doute, de quitter la montagne, au moment où la lumière, le long des arbres, coulait comme un miel doré que buvait la terre ; dur de tourner le dos, demain, à ces belles choses dont il connaissait la loi, le cri, l'instinct.

Depuis cinquante ans qu'il assistait ainsi à cette jeunesse des plantes et des bêtes et qu'au cœur de la forêt chaude, il allait endormir ses peines comme en une pelisse 45 tiède où l'on fait son somme. Cette nature, elle semblait l'aimer depuis le jour, lointain déjà, où il s'était appliqué à la connaître.

Elle lui donnait l'air vierge et pur de la montagne, l'eau de ses sources, le bois de sa maison, l'écorce de son toit, le feu de son foyer qui, le soir, pour le plaisir de ses yeux, dansait follement comme une jeunesse sur les bûches et dont la chaleur lui caressait 50 le visage, l'enveloppant dans l'or de ses rayons.

Elle lui donnait encore le poisson de ses lacs, le gibier de ses taillis ; elle lui dévoilait le secret des cloîtres silencieux, des hauts pacages où broutent les caribous de montagne ; elle lui avait appris la science des ailes, des crocs, des griffes, des murmures, depuis le frou-frou de la libellule dans les roseaux des marécages jusqu'à la plainte 55 chaude et profonde des orignaux fiévreux dans l'entonnoir des coupes.

Mais il reviendrait bientôt, et libre !

Il apprendrait à Joson ce qu'il n'avait fait lui-même que sur le soir de sa vie…

> L'extrait qui suit est l'un des plus touchants du roman. Joson, en qui Menaud avait mis tous ses espoirs, meurt noyé à la drave. Le père s'effondre de douleur et, serrant le cadavre de son fils dans ses bras, le revoit enfant et se fait des reproches.

---

22. *Ban : au sens figuré, tous les membres d'une communauté.*

La rivière : une bête qui tue

Une clameur s'éleva !

60 Tous les hommes et toutes les gaffes se figèrent, immobiles… Ainsi les longues quenouilles sèches avant les frissons glacés de l'automne.

Joson, sur la queue de l'embâcle, était emporté, là-bas…

Il n'avait pu sauter à temps.

Menaud se leva. Devant lui, hurlait la rivière en bête qui veut tuer.

65 Mais il ne put qu'étreindre du regard l'enfant qui s'en allait, contre lequel tout se dressait haineusement, comme des loups quand ils cernent le chevreuil enneigé.

Cela s'agriffait, plongeait, remontait dans le culbutis meurtrier…

Puis tout disparut dans les gueules du torrent engloutisseur.

Menaud fit quelques pas en arrière ; et, comme un bœuf qu'on assomme, s'écroula, le visage dans le noir des mousses froides.

70 […]

Vers les minuit, Menaud demanda qu'on le laissât seul.

Sa douleur ne supportait plus toutes ces paroles, tout ce mouvement autour d'elle.

Il attacha la porte de sa tente et reprit possession de son enfant à lui.

75 Il s'était agenouillé tout près ; il passait ses doigts dans la chevelure froide et mouillée, couvrait de baisers le front pâle, caressait la cire du beau visage, tel un homme qui modèle un masque de douleur.

Au dehors, c'était une nuit semblable à toutes les nuits de printemps avec des rumeurs mystérieuses, entrecoupées d'appels, de cris, et, par moments, couvertes par l'immense chœur des grenouilles jouant du flageolet[23] dans les quenouilles 80 sèches.

Ainsi, cette nuit de mort était semblable à toutes les nuits de printemps.

---

23. *Flageolet : flûte à bec, généralement percée de six trous.*

Quant aux autres draveurs, ils dormaient tous, et le pouls du sommeil battait à pleines tentes; et les rêves jouaient avec les lutins dans la clairière des songes.

Pauvre homme!
85　Seul!
Maintenant, il revoyait tout. Depuis les heures heureuses quand Joson était petit, Menaud repassait toutes les étapes de la vie de son enfant.

Il avait été sa première récolte d'amour, sa joie de retrouver en lui, en son corps, en son cœur, en ses généreuses promesses de fleurs et de fruits, les images de tout ce
90　qu'il aimait le plus: sa femme, puis le ciel, puis la terre et la liberté de sa patrie.

Un jour, il l'avait porté sur son dos jusqu'à sa cabane du trécarré[24] d'où l'on a l'œil sur les montagnes.

Il se rappelait ce que lui avait dit alors tout le pays d'alentour.

Il s'était flatté de n'être pas à part au milieu de cette nature besognant toute à se
95　survivre.

Et, plus tard, le voyant au-dessus des autres, comme un pin de haut lignage aux clochetons pleins d'azur et de rumeurs, il s'était lui, Menaud, dressé tout droit dans l'orgueil de son sang, et s'était fait des accroires d'avenir.

Joson ferait son chemin, sa marque…

100　Depuis quelque temps, le pays était en souffrance.

Les étrangers empiétaient sur les rivières, les lacs, la forêt, la montagne. Mais Joson, d'âme libre et fière, prendrait le burgau[25], et, quelque bon jour, lancerait un appel à la liberté.

Et voilà que tout ce beau rêve gisait là, devant lui, sans espoir, maintenant.

24.　*Trécarré: ligne qui marque les extrémités d'une terre.*
25.　*Burgau: grosse coquille univalve nacrée.*

BIBLIOGRAPHIE SOMMAIRE

1937   *Menaud, maître-draveur* (roman)
1948   *La Minuit* (roman)
1972   *Le Bouscueil* (roman)

Note: *L'Abatis* (1943) et *Le Barachois* (1959) sont des œuvres difficiles à classer; ce sont des recueils de souvenirs, de portraits et de poèmes.

SUJETS DE TRAVAUX SUGGÉRÉS

1.   Interprétez politiquement la noyade de Joson dans l'extrait « La rivière : une bête qui tue » de Félix-Antoine Savard.

2.   Étudiez la poésie présente dans « La rivière : une bête qui tue », extrait tiré de *Menaud, maître-draveur*.
Pour ce faire, relevez toutes les comparaisons, métaphores et autres figures de style.
Que concluez-vous sur le lien à établir entre le thème de la mort ici abordé et le langage utilisé ?

3.   *Menaud, maître-draveur* a été qualifié de « bible des élites nationalistes ».
Les deux extraits ici présentés vous permettent-ils de saisir le sens de cette périphrase ?
Expliquez.

4.   Les deux extraits de *Menaud, maître-draveur* illustrent l'emprise des forces de la nature sur l'homme.
Analysez la façon dont l'auteur s'y prend pour faire ressortir cette emprise.

SUR LA VOIE
DU RÉALISME

CHAPITRE II

*D*ans le chapitre précédent, nous avons présenté des œuvres qui idéalisaient la terre ; explicitement, la terre y était *idéalisée*. Il est important de constater que cette idéalisation ne se retrouve pas dans tous les romans de mœurs paysannes. Si, dans le roman idéologique, les personnages y sont présentés comme inconditionnellement amoureux de la terre et en symbiose avec elle, progressivement, nous nous acheminons vers des œuvres présentant des personnages dans une relation autre avec la terre. C'est en ce sens que nous intitulons le présent chapitre « Sur la voie du réalisme ».

Nous disons bien *sur la voie*, car il n'y a pas uniquement la vision réaliste qui est représentée dans les romans qui vont suivre. Nous ne nions pas qu'Eucharriste Moisan (*Trente Arpents*) soit un amoureux inconditionnel de la terre, qu'il perçoit presque comme une maîtresse. Cependant, il est présenté comme dépassé dans sa vision limitée d'un Québec qui ne saurait être qu'agriculturiste.

Dans les romans *Un homme et son péché* et *Le Survenant*, le lien intime qui unit le paysan à sa terre se fait moins sentir. Ce qu'aime Séraphin Poudrier (*Un homme et son péché*), c'est l'argent et, dans *Le Survenant*, Didace Beauchemin est plus un passionné de la chasse que de la terre. Ces personnages illustrent le déclin du mythe du Québec rural.

Précisons que, vu sous un certain angle, *Maria Chapdelaine* aurait pu se retrouver dans cette catégorie de romans. En effet, si l'on se réfère aux propos d'un François Paradis, qui méprise le travail de la terre, ou à ceux de Lorenzo Surprenant, qui vante les attraits de la ville, ou même à ceux de la mère Chapdelaine, qui subit la misère de la colonisation plus qu'elle n'aime celle-ci, on aura tôt fait de penser en termes de réalisme. Cependant, l'évolution et le message du personnage principal nous amènent à considérer *Maria Chapdelaine* comme un roman idéologique.

Des nuances commencent à percer dans les discours que les auteurs font tenir à leurs personnages. Le roman de mœurs paysannes devient donc moins le porte-parole d'un idéal de survivance. À l'aube d'une société qui deviendra urbaine et industrialisée, les Québécois commencent à penser que, hors de la terre, il y a peut-être un salut possible.

CLAUDE-HENRI GRIGNON (1894-1956)

Fils de médecin, ayant passé son enfance dans les Pays-d'en-Haut (Sainte-Adèle), Claude-Henri Grignon travaille comme journaliste durant plusieurs années. En 1938, il commence une longue carrière radiophonique avec Un homme et son péché. *La politique municipale l'intéressait puisqu'il a été maire de sa paroisse durant dix ans (de 1941 à 1951) et préfet du comté de Terrebonne. Il fut également membre de l'École littéraire de Montréal.*

Un homme et son péché (1933)

Un homme et son péché raconte la vie d'un avare quadragénaire de Sainte-Adèle qui maintient sa jeune femme de 20 ans, Donalda, dans une misère si sordide qu'elle tombe malade. L'avare refuse d'investir pour que son épouse guérisse et profite de l'occasion pour faire le bilan de sa fortune.

La maladie de Donalda… ou de l'avarice?

    –   Je ne sais pas ce que j'ai, Séraphin. J'ai froid, puis j'ai mal, mal. Ça serait peut-être mieux d'aller voir le docteur.

    « Aller voir le docteur! » Séraphin savait pertinemment que cela signifiait « l'amener ici ». Et « l'amener ici », à trois milles du
5   village, c'était une dépense de deux dollars et peut-être trois, avec les remèdes. Il fallait y songer. Il ne se souvenait pas d'avoir eu besoin du médecin, ni pour son vieux père, ni pour lui-même, ni pour personne. Et voilà, pour la première fois dans sa vie, qu'une femme demandait ce secours qui coûterait de l'argent.
10   Non. N'importe quoi, mais pas ça. Et, comme il regardait Donalda par derrière, il la détestait maintenant. Il la haïssait même. Une grande amertume remplit son cœur et il regretta plus que tout au monde d'avoir épousé cette fille extravagante, qui se trouvait malade, qui allait jusqu'à exiger les soins du docteur Dupras.
15   Comme il se sentit malheureux, et combien il maudit la vie à deux! Quel enfer! Mais il trouva la force de mentir d'une voix d'ange:

Il vint s'asseoir près de la table, à la même place, pour mieux jouir, lui semblait-il, de sa richesse qu'il était le seul, dans la région des Laurentides, à connaître jusqu'au fond.

Un homme et son péché
Claude-Henri Grignon
Jean-Pierre Masson
interprétant Séraphin Poudrier

37

– C'est vrai, ma fille. Tu me parais ben malade et ça me fait de la peine. Mais je pense pas que ça soye nécessaire de voir le docteur aujourd'hui. Attendons jusqu'à demain, pour voir. D'abord,
20 tu vas te coucher avec une bonne brique chaude aux pieds et une bonne flanelle chaude sur l'estomac. Je t'assure que c'est bon, ça, ma fille. Je peux te faire aussi une tasse de tisane.

– Comme tu voudras, si tu penses, Séraphin, que ça peut me faire du bien.
Elle attendit quelques minutes devant le poêle et monta se coucher.

Séraphin prit soin d'elle à sa façon, qui était des plus simples. Il resta dans la cuisine et fit semblant
25 d'attiser le feu qui s'en allait. Puis il s'assit en face de la petite fenêtre où se ramassait un paysage de fin d'automne, tout en froidure, avec, au milieu, des sapins noirs, et, un peu plus haut, la colline jaune. Séraphin songea à sa détresse.

– Il y a pas à dire, marmonnait-il, c'est pas dur à la misère, ces poulettes-là[26]. Pourtant, elle avait l'air forte quand je l'ai mariée. Peut-être aussi que ça va passer tout seul. Attendons, voir.

30 Enfin, il eut une pensée illuminante. Une fois dans sa vie il pourrait faire un grand sacrifice.

N'avait-il pas acheté chez Lacour, trois ans plus tôt, une petite boîte de thé qui lui avait bien coûté vingt-cinq sous? S'il en offrait une tasse à Donalda? Après tout, n'était-il pas capable d'une telle générosité? Et puis, sa femme n'était peut-être pas une aussi mauvaise créature?

Donalda étant malade, l'occasion s'offrait belle, aujourd'hui, de caresser ces chiffres qui repré-
35 sentaient presque réellement des pièces d'or, des pièces d'argent, des billets de banque, en tas, en piles, en masse. Séraphin ne la manqua pas. Pouvait-il résister à l'ensorcelante habitude, puisqu'il devait rester à la maison? Il alla donc, à pas feutrés, chercher le petit cahier dans le meuble d'acajou, et revint s'asseoir près de la table.

Il n'avait pas déjeuné. Il n'avait pas faim de nourriture périssable et qui empoisonne l'organisme. Il
40 avait faim d'or, nourriture de permanence, d'éternité.

Il commença son travail lentement, avec une précision qui l'étonnait. Il constata que sa mémoire était aussi fidèle que jamais. À la fin, il trouva ceci. Les intérêts sur billets et sur prêts hypothécaires lui avaient rapporté la somme de mille six cent trois dollars et trois sous, et les produits de la petite terre, trois cents dollars exactement. Il fut surpris, d'abord, de trouver que la ferme lui donnait exactement
45 trois cents dollars. Pas un sou de plus ni de moins.

– C'est curieux, fit-il. Ça se peut pas.

Dix fois, il recommença ses calculs mentalement. Dix fois, il trouva la même solution: trois cents dollars.

– Allons-y pour trois cents dollars. Je peux pas me tromper. Et tant mieux, viande à chiens! Pas méchante, ma terre; meilleure que les années passées. Elle engraisse, la bonguienne[27]. Elle
50 engraisse. Mais il faut la ménager pareil[28].

Après avoir fait un trait, il écrivit le grand total: [1903,03 $], et la date: « 17 novembre 1890 ». Il serra ensuite dans le petit meuble le cahier rempli des secrets de son péché, et revint dans le bas côté[29], se frottant les mains de bonheur et de contentement. Il pensait:

– C'est pas trop pire, mille neuf cent trois piastres et trois sous, pour une année de misère. C'est pas
55 trop pire.

---

26. *Poulette: jeune fille.*
27. *La bonguienne: indique la surprise, l'admiration.*
28. *Pareil: quand même.*
29. *Bas côté: pièce adjacente à la maison.*

Il vint s'asseoir près de la table, à la même place, pour mieux jouir, lui semblait-il, de sa richesse qu'il était le seul, dans la région des Laurentides, à connaître jusqu'au fond.

Il n'avait pas faim. Il venait de respirer, de toucher, de manger avec délices des chiffres représentant de l'argent. Il en était imprégné, saturé, gavé, il en était plein dans, ses veines dans son corps, dans toutes ses facultés. Il n'avait pas faim. Il était littéralement ivre d'or.

60

BIBLIOGRAPHIE SOMMAIRE

1928	*Le Secret de Lindbergh* (roman)
1933	*Un homme et son péché* (roman)
1934	*Le déserteur* (recueil de nouvelles)
1936-1943	Publication, sous le pseudonyme de Valdombre, de *Pamphlets*, une revue mensuelle.

SUJETS DE TRAVAUX SUGGÉRÉS

1. Montrez que le vocabulaire utilisé par Claude-Henri Grignon contribue à accentuer le caractère passionné de Séraphin.

2. Le narrateur est-il neutre dans l'extrait du roman de Claude-Henri Grignon ?
   Justifiez votre réponse.

3. Dans une dissertation explicative, comparez l'extrait de *Un homme et son péché* à la première scène du troisième acte de *L'Avare* de Molière.

RINGUET (1895-1960)

Philippe Panneton, qui choisit, comme nom de plume, Ringuet, fait ses études en médecine et se spécialise, à Paris, en oto-rhino-laryngologie. De retour à Montréal, sa vie alterne entre sa carrière de médecin et l'écriture de livres d'ethnologie et de romans; il voyagea à travers le monde, ce qui explique peut-être qu'il parlait couramment l'espagnol. À 62 ans, il devient ambassadeur du Canada à Lisbonne où il meurt trois ans plus tard.

Trente Arpents est considéré comme son œuvre majeure. Portant le nom des quatre saisons, les quatre parties du roman correspondent aux étapes de la vie d'Eucharisle Moisan et de sa famille affectés, après la Première Guerre mondiale, par l'urbanisation et le mouvement migratoire vers les États-Unis.

Considéré comme un auteur qui rompt la tradition « idéalisante » du roman du terroir, Ringuet est associé au courant réaliste, amorcé au XIXᵉ siècle notamment par Flaubert et Zola. Il tente avec Trente Arpents de jeter sur la réalité québécoise un regard plus objectif que celui de ses prédécesseurs. Ce type d'approche provient peut-être de la formation scientifique de l'auteur. Il est intéressant de rappeler ici que Flaubert lui-même fut très influencé par la démarche méthodique de son père médecin. D'ailleurs, tous deux, Ringuet et Flaubert, prenaient minutieusement des notes en observant les gens dans des trains ou autres endroits publics. Cela témoigne de leur souci de faire vrai, de rendre fidèlement compte de la réalité sans l'enjoliver ni la noircir.

Trente Arpents (1938)

À la fin de sa vie, après avoir vécu une série de malheurs, Eucharisle, dépossédé, lègue sa terre et va se réfugier chez son fils préféré, Éphrem, qui vit aux États-Unis. On assiste donc à la fin du mythe du Québec rural puisque même l'ultime représentant de la fidélité à la terre se retrouve en ville, presque malgré lui. Le pauvre vieux est projeté dans un univers qui lui est complètement étranger.

Un vieux paysan perdu en ville

Sur le quai de la gare, tout autour de lui, ce ne sont que gens qui se précipitent et s'interpellent; Moisan ne comprend mot. De temps à autre, il croit saisir au passage des syllabes françaises, mais méconnaissables dans le nasillement du jargon américain. De
5   même parmi la foule, il lui semble à tout moment retrouver un visage familier; un visage de là-bas, de chez lui; mais il n'a qu'à fixer les yeux un instant pour voir s'évanouir l'illusion, pour qu'il lui redevienne étranger.

Bon Dieu! s'il fallait qu'Éphrem ne soit pas venu le rencontrer!

10   Mais une main se pose sur son épaule. Il se retourne, défiant et espérant à la fois.

Ce sont bien les yeux de son fils, de son Éphrem. Pourtant la figure qu'il n'a pas vue depuis bientôt dix années le fait hésiter. Puis on dirait que l'image qu'il a devant les yeux, un moment flottante, se
15   replace, se fusionne trait pour trait avec le souvenir qu'il porte en lui. Et maintenant, après deux secondes d'incertitude, c'est le visage de son enfant qu'il retrouve ainsi que la voix.

De même parmi la foule, il lui semble à tout moment retrouver un visage familier; un visage de là-bas, de chez lui; mais il n'a qu'à fixer les yeux un instant pour voir s'évanouir l'illusion, pour qu'il lui redevienne étranger.

– *By God!* son père. T'as fait' un bon voyage?

Mais comme les mots français sonnent drôle sur ses lèvres, sur
20   ses lèvres, où elles semblent trébucher faute d'habitude.

Après la trépidation du train, Euchariste eût voulu s'immobiliser quelques instants pour reprendre son aplomb et retrouver contact avec la réalité; la vue de son fils lui donnait enfin le sentiment que la bousculade du voyage était finie. Mais déjà Éphrem le remorquait à travers la gare où s'éparpillaient comme un limon les journaux du matin. Personne autour de lui qui ne
25   courût. Un petit train de banlieue dégorgeait son plein de travailleurs qui, sans s'arrêter, arrachaient à l'étalage un journal et se jetaient dans un tram. Tout étourdi, le père se trouva dans une voiture bleue garée sur la petite place.
    – C'est pas à toi, Éphrem, c't'automobile-là?

Éphrem se mit à rire d'un rire prospère, d'un rire qui laissait jaillir comme un phare les feux
30   éclatants de ses dents couvertes d'or.

– *Well*, son père, tout le monde icitte il a son char[30].

Ils roulaient déjà le long d'une rue dont les poubelles matinales, les journaux de la veille, la fange ménagère, toute la sanie d'une agglomération humaine en faisaient un long cloaque. Le froid de la nuit avait figé le long des trottoirs le torrent des immondices. Et sur cela régnait
35   l'haleine lourde de la ville; un relent épais de pétrole brûlé.

Presque sans répit, Éphrem faisait hurler son klaxon: pour avertir, chaque fois qu'il frôlait camion ou voiture; par simple habitude allègre lorsqu'un instant il avait la voie libre; tout fier de faire montre à son père de sa virtuosité. Et tout en filant, il indiquait:

    – Ça icitte, c'est le City Hall, l'hôtel de ville, comme on dit en Canada. À dret[31], le Public
40   Library.

---

30. *Char: automobile.*
31. *À dret: à droite*

    – Le… quoi, Éphrem?

    – Ah! j'sais pas… Quiens! … Quiens! r'gâr' à gaudent[32] les livres, des mille et pi des mille.

Mais Euchariste voyait à peine, frôlé à chaque instant par la mort, la tête rentrée dans les épaules, le poil hérissé de terreur, convaincu de la catastrophe imminente qui allait les mettre en bouillie
45   sous les roues d'un tram. Éphrem souriait d'un sourire triomphal et doré. […]

On était au sommet de la côte. Éphrem stoppa.

    – Retournez-vous, son père, pi r'gardez en bas. Moisan obtempéra. Tout au bas de la côte il
    vit à ses pieds, presque à perte de vue, une espèce de champ noirâtre où couraient, paral-
    lèles, des centaines de sillons bien alignés. Cela lui fit quelque chose qu'ainsi, aux États,
50   en pleine ville, on trouvât moyen de faire de la culture; et aussi que son fils, son Éphrem,
    s'arrêtât à le lui faire remarquer.

    – Savez-vous c'que c'est qu'ça, son père?
Et sans attendre la réponse:
    – Ça, c'est la couverture de la *shop* ous'que j'travaille.
55   – La couverture?
    – *Sure.* Tout ça. Et pi c'est pas encore tout'; i'en a encore plus loin. Pi tout ça, c'est le plant.

Alors il apparut au père que ce qu'il avait pris pour une prairie bien labourée aux sillons paral-
lèles était le toit indéfini d'une usine étalée sur des acres de terrain, et dont les pans brisés
simulaient les ados des sillons. Cela faisait tout un champ métallique, un vaste pré stérile sous
60   lequel travaillaient les hommes comme des taupes, loin de la paternelle lumière du soleil. Pour
le père, cela était inimaginable. Pour le fils, cela était glorieux.

BIBLIOGRAPHIE SOMMAIRE

1938   *Trente Arpents* (roman)
1947   *Fausse Monnaie* (roman)
1949   *Le Poids du jour* (roman)
1946   *L'Héritage et Autres Contes* (recueil de nouvelles)
1924   *À la manière de…* (recueil de pastiches)

SUJETS DE TRAVAUX SUGGÉRÉS

1.   Dans l'extrait de *Trente Arpents* de Ringuet, analysez, tant au point de vue de leur caractère que de leur vision de la ville et de la terre, l'immense contraste entre les deux protagonistes, Éphrem et son père Euchariste. Que concluez-vous?

2   Relevez les éléments lexicaux et stylistiques dont se sert Ringuet pour mettre en évidence le dépaysement d'Euchariste.
Relevez également les éléments lexicaux et stylistiques dont se sert l'auteur pour accentuer l'attitude condescendante d'Éphrem.
Quelle conclusion tirez-vous de cette étude?

---

32. *R'gâr' à gaudent: regarde à gauche.*

GERMAINE GUÈVREMONT (1893-1968)

Tout comme son célèbre cousin, Claude-Henri Grignon, Germaine Grignon (nom de fille) est née dans les « Pays-d'en-Haut » de Séraphin Poudrier. Cependant, on l'associe plutôt à la région de Sorel, puisque, ayant épousé à 23 ans un homme originaire de cette ville, elle y passe presque toute sa vie et y poursuit une carrière de journaliste. Elle tarde à expérimenter l'écriture romanesque et publie son premier roman à l'âge de 52 ans. Le Survenant lui vaut trois prix importants ; elle obtient également deux doctorats honorifiques. Ayant été adaptés pour la télévision, ses romans ont connu une popularité qui rivalise avec celle dont a joui son cousin Claude-Henri Grignon avec Un homme et son péché. *Au chenal du Moine, dans les îles de Sorel, on peut visiter le musée Germaine-Guèvremont, chalet que la romancière s'était fait construire pour écrire dans la quiétude.*

Le Survenant (1945)

Le Survenant raconte l'histoire d'un mystérieux nomade surnommé « le grand dieu des routes ». Ce personnage est devenu mythique dans notre littérature parce qu'il contraste, de par sa différence, avec les gens du chenal du Moine, paisibles paysans qui n'osent s'aventurer sur aucune avenue. Il fascine et intrigue. Son passage d'un an au chenal du Moine ne laisse personne indifférent, surtout pas le père Didace qui trouve en lui le fils rêvé avec lequel Amable, paresseux et niais, ne saurait rivaliser. Angélina, vieille fille infirme, sera littéralement subjuguée par ce bel homme à la chevelure flamboyante. Mais sa plus grande rivale, la route, lui arrachera l'étranger, qui a toujours refusé de se laisser apprivoiser.

Les extraits suivants présentent l'arrivée et le départ du Survenant ; ces deux événements perturbent la vie rangée des sédentaires de Sorel.

Un étranger, Venant

Un soir d'automne, au chenal du Moine, comme les Beauchemin s'apprêtaient à souper, des coups à la porte les firent redresser. C'était un étranger de bonne taille, jeune d'âge, paqueton[33] au dos, qui demandait à manger.

– Approche de la table. Approche sans gêne, Survenant, lui cria le père Didace.

5 D'un simple signe de la tête, sans même un mot de gratitude, l'étranger accepta. Il dit seulement :

– Je vas toujours commencer par nettoyer le cochon.

Après avoir jeté son baluchon dans l'encoignure, il enleva sa chemise de laine à carreaux rouge vif et verts à laquelle manquaient un bouton près de l'encolure et un
10 autre non loin de la ceinture. Puis il fit jouer la pompe avec tant de force qu'elle geignit par trois ou quatre fois et se mit à lancer l'eau hors de l'évier de fonte, sur le rond de tapis, et même sur le plancher où des nœuds saillaient çà et là. Insouciant, l'homme éclata de rire ; mais nul autre ne songeait même à sourire. Encore moins Alphonsine qui, mécontente du dégât, lui reprocha :

15 – Vous savez pas le tour !

Alors par coups brefs, saccadés, elle manœuvra si bien le bras de la pompe que le petit baquet déborda bientôt. De ses mains extraordinairement vivantes l'étranger s'y baigna le visage, s'inonda le cou, aspergea sa chevelure, tandis que les regards s'acharnaient à suivre le moindre de ses mouvements. On eût dit qu'il apportait une
20 vertu nouvelle à un geste pourtant familier à tous.

Dès qu'il eut pris place à table, comme il attendait, Didace, étonné, le poussa :

– Quoi c'est que t'attends, Survenant ? Sers-toi. On est toujours pas pour te servir.

L'homme se coupa une large portion de rôti chaud, tira à lui quatre patates brunes qu'il arrosa généreusement de sauce grasse et, des yeux, chercha le pain. Amable, hâti-
25 vement, s'en taillait une tranche de deux bons doigts d'épaisseur, sans s'inquiéter de ne pas déchirer la mie. Chacun de la tablée que la faim travaillait l'imita. Le vieux les observait à la dérobée, l'un après l'autre. Personne, cependant, ne semblait voir l'ombre de mépris qui, petit à petit, comme une brume d'automne, envahissait les traits de son visage austère. Quand vint son tour, lui, Didace, fils de Didace, qui avait le respect du
30 pain, de sa main gauche prit doucement près de lui la miche rebondie, l'appuya contre sa poitrine demi-nue encore moite des sueurs d'une longue journée de labour, et, de la main droite, ayant raclé son couteau sur le bord de l'assiette jusqu'à ce que la lame brillât de propreté, tendrement il se découpa un quignon de la grosseur du poing.

---

33. *Paqueton : petit paquet contenant vêtements et effets personnels.*

35 Tête basse, les coudes haut levés et la parole rare, sans plus se soucier du voisin, les trois hommes du chenal, Didace, son fils, Amable-Didace, et Beau-Blanc, le journalier, mangeaient de bel appétit. À pleine bouche ils arrachaient jusqu'à la dernière parcelle de viande autour des os qu'ils déposaient sur la table. Parfois l'un s'interrompait pour lancer un reste à Z'Yeux-ronds, le chien à l'œil larmoyant, mendiant d'un convive à l'autre. Ou bien un autre piquait une fourchetée de mie de pain qu'il allait saucer dans 40 un verre de sirop d'érable, au milieu de la table. Ou encore un troisième, du revers de la main, étanchait sur son menton la graisse qui coulait, tels deux rigolets.

Seule Alphonsine pignochait[34] dans son assiette. Souvent il lui fallait se lever pour verser un thé noir, épais comme de la mélasse. À l'encontre des hommes qui buvaient par lampées dans des tasses de faïence grossière d'un blanc crayeux, cru, et parfois 45 aussi dans des bols qu'ils voulaient servis à la rasade, quelle qu'en fût la grandeur, la jeune femme aimait boire à petites gorgées, dans une tasse de fantaisie qu'elle n'emplissait jamais jusqu'au bord.

Après qu'il en eut avalé suffisamment, l'étranger consentit à dire :

– C'est un bon thé, mais c'est pas encore un vrai thé de chanquier[35]. Parlez-moi
50 d'un thé assez fort qu'il porte la hache, sans misère !

Ce soir-là, ni le jour suivant qu'il passa au travail en compagnie des autres, l'étranger ne projeta de partir. À la fin de la relevée, Didace finit par lui demander :
– Resteras-tu longtemps avec nous autres ?
– Quoi ! je resterai le temps qu'il faut !
55 – D'abord, dis-nous qu'est ton nom ? D'où que tu sors ?
– Mon nom ? Vous m'en avez donné un : vous m'avez appelé Venant.
– On t'a pas appelé Venant, corrigea Didace. On a dit : le Survenant.
– Je vous questionne pas, reprit l'étranger. Faites comme moi. J'aime la place. Si vous voulez me donner à coucher, à manger et un tant soit peu de tabac par-
60 dessus le marché, je resterai. Je vous demande rien de plus. Pas même une taule[36]. Je vous servirai d'engagé et appelez-moi comme vous voudrez.
– Ouais… réfléchit tout haut Didace, avant d'acquiescer, à cette saison icitte, il est grandement tard pour prendre un engagé. La terre commence à être déguenillée.

Son regard de chasseur qui portait loin, bien au-delà de la vision ordinaire, pénétra
65 au plus profond du cœur de l'étranger comme pour en arracher le secret. Sous l'assaut, Venant ne broncha pas d'un cil, ce qui plut infiniment à Didace. Pour tout signe de consentement, la main du vieux s'appesantit sur l'épaule du jeune homme :

– T'es gros et grand. T'es presquement pris comme une île et t'as pas l'air trop, trop ravagnard[37]…

---

34. *Pignocher : picocher.*
35. *Chanquier : chantier.*
36. *Taule : pièce de monnaie.*
37. *Ravagnard : individu toujours mécontent, qui grogne toujours.*

Le départ du grand dieu des routes

70 Soudainement il sentit le besoin de détacher sa chaise du rond familier. Pendant un an il avait
pu partager leur vie, mais il n'était pas des leurs; il ne le serait jamais. Même sa voix changea,
plus grave, comme plus distante, quand il commença:

– Vous autres…

Dans un remuement de pieds, les chaises se détassèrent. De soi par la force des choses, l'an-
75 neau se déjoignait.

– Vous autres, vous savez pas ce que c'est d'aimer à voir du pays, de se lever avec le jour, un
beau matin, pour filer fin seul, le pas léger, le cœur allège, tout son avoir sur le dos. Non!
vous aimez mieux piétonner toujours à la même place, pliés en deux sur vos terres de
petite grandeur, plates et cordées comme des mouchoirs de poche. Sainte bénite, vous
80 aurez donc jamais rien vu, de votre vivant! Si un oiseau un peu dépareillé vient à passer,
vous restez en extase devant, des années de temps. Vous parlez encore du bucéphale, oui,
le plongeux à grosse tête, là, que le père Didace a tué il y a autour de deux ans. Quoi c'est que
ça serait si vous voyiez s'avancer devers vous, par troupeaux de milliers, les oies sauvages,
blanches et frivolantes comme une neige de bourrasque? Quand elles voyagent sur neuf
85 milles de longueur formant une belle anse sur le bleu du firmament, et qu'une d'elles, de dix,
onze livres, épaisse de flanc, s'en détache et tombe comme une roche? Ça c'est un vrai coup
de fusil! Si vous saviez ce que c'est de voir du pays…

Les mots titubaient sur ses lèvres. Il était ivre, ivre de distances, ivre de départ. Une fois de plus,
l'inlassable pèlerin voyait rutiler dans la coupe d'or le vin illusoire de la route, des grands
90 espaces, des horizons, des lointains inconnus.

Comme son regard, tout le temps qu'il parlait, tendait uniquement vers la porte, chacun, à son
exemple, porta la vue dessus: une porte grise, massive et basse, qui donnait sur les champs, si
basse que les plus grands devaient baisser la tête pour ne pas heurter le haut de l'embrasure. Son
seuil, ils l'avaient passé tant de fois et tant d'autres l'avaient passé avant eux, qu'il s'était creusé,
95 au centre, de tous leurs pas pesants. Et la clenche centenaire, recourbée et pointue, n'en pouvait
plus à force de cliqueter sous toutes sortes de mains, une humble porte de tous les jours, se
parant de vertus à la parole d'un passant.
– Tout ce qu'on avait à voir, Survenant, on l'a vu, reprit dignement Pierre-Côme Provençal,
mortifié dans sa personne, dans sa famille, dans sa paroisse.

100 Dégrisé, Venant regarda un à un, comme s'il les voyait pour la première fois, Pierre-Côme
Provençal, ses quatre garçons, sa femme et ses filles, la famille Salvail, Alphonsine et Amable,
puis les autres, même Angélina. Ceux du chenal ne comprennent donc point qu'il porte à la maison un véritable respect, un respect qui va jusqu'à la crainte? Qu'il s'est affranchi de la maison
parce qu'il est incapable de supporter aucun joug, aucune contrainte? De jour en jour, pour
105 chacun d'eux, il devient davantage le Venant à Beauchemin: au cirque, Amable n'a pas même
protesté quand on l'a appelé ainsi. Le père Didace ne jure que par lui. L'amitié bougonneuse
d'Alphonsine ne le lâche point d'un pas. Z'Yeux-ronds le suit mieux que le maître. Pour tout le
monde il fait partie de la maison. Mais un jour, la route le reprendra… […]

La route le reprendra…

46

100 S'il part maintenant, on le plaindra de ne pas avoir autant de tête que de cœur : il ne savait pas
ce qu'il voulait. Et on l'oubliera vite. Mais s'il tardait encore et qu'Angélina lui parlât ainsi qu'elle
lui a parlé ce soir, qu'arriverait-il ? Lui qui ne peut faire de peine à personne par exprès[38] serait
capable de l'épouser. Et la maison croulerait. Un jour, il le sent, la route le reprendra.
La route le reprendra…

115 Alors pourquoi pas tout de suite ? Il n'a ni femme ni biens. Il a ses deux jambes, bons bras,
bons reins. Sa dette aux Beauchemin ? Il croit l'avoir acquittée en entier. Les grandes récoltes
sont terminées, les labours d'automne avancés et, comme dirait le père Beauchemin, la terre
commence à être déguenillée. Pauvre vieux Beauchemin ! Il s'entendait bien avec lui. Mais le
père Didace se consolera avec l'Acayenne. Ses petites dettes aux autres du chenal du Moine ?
120 Ah ! neveurmagne[39] !

À son sens il n'a été tout le temps qu'un passant au chenal du Moine. Ce sont les autres qui se
sont mépris sur la durée de sa présence dans la maison et qui ont ainsi contrecarré sa routine.

Mais il y a Angélina. Va-t-il se laisser attacher au chenal du Moine par une créature[40], comme le
premier Beauchemin, jusqu'à la fin de ses jours ? Angélina est riche. Elle a sa maison, ses fleurs,
125 son père. Elle finira par épouser Odilon Provençal.

Toutefois un sourd regret le pinça au cœur.

S'il restait ? Il en est encore temps.

S'il reste, c'est la maison, la sécurité, l'économie en tout et partout, la petite terre de vingt-sept
arpents, neuf perches, et le souci constant des gros sous :

130 –   (C'est-il gratis ?)

Puis la contrainte et les questions :

–   (T'as encore fêté ?)

L'étouffement, l'enlisement :

–   (Quoi c'est que Pierre-Côme Provençal va penser ?)

135 La plaine monotone sans secrets. Toujours les mêmes discours. Toujours les mêmes visages.
Toujours la même chanson jusqu'à la mort. Ah ! non, pas d'esclavage !
S'il part, c'est la liberté, la course dans la montagne avec son mystère au déclin. Et tout à coup :
une sonnaille au vent. Le jappement d'un chien. Un tortillon de fumée. Une dizaine de maisons.
Des visages étrangers. Du pays nouveau. La route. Le vaste monde…

140 S'il reste : Angélina. Sa dévotion pour lui…

Mais la route le reprendra. C'est épouvantable… la route le reprendra… la route le reprendra…
la route le reprendra.

---

38. *Par exprès : volontairement.*
39. *Neveurmagne : de l'anglais « never mind » : N'importe ! Au diable ! Laisse faire !*
40. *Créature : femme.*

1942   *En pleine terre* (roman)
1945   *Le Survenant* (roman)
1947   *Marie Didace* (roman)

Les œuvres mentionnées ci-dessus constituent un triptyque, c'est-à-dire que ces trois romans reprennent la vie des mêmes personnages évoluant dans un même espace, le chenal du Moine, où Germaine Guèvremont a vécu.

SUJETS DE TRAVAUX SUGGÉRÉS

1.   Démontrez que le Survenant exerce une emprise sur les gens du chenal du Moine.
Pour ce faire, relevez tous les arguments prouvant son pouvoir. Chaque argument doit être accompagné d'une preuve, c'est-à-dire d'une citation prise dans l'extrait.

2.   Comparez l'attitude d'Amable et d'Alphonsine lors de l'arrivée du Survenant et lors de son départ.

3.   Étudiez le rôle des objets dans la description faite par Germaine Guèvremont.

4.   Le Survenant aimait Angélina.
Que pensez-vous de cette affirmation ? Défendez votre point de vue.

5.   Les extraits ici présentés du roman *Le Survenant* permettent-ils de conclure qu'il s'agit bel et bien d'un roman de la terre ?
Expliquez votre point de vue.

6.   En quel sens pouvons-nous qualifier le Survenant de héros mythique ?

L'HYPERRÉALISME OU LE ROMAN DE LA DÉMYSTIFICATION

CHAPITRE III

RODOLPHE GIRARD

ALBERT LABERGE

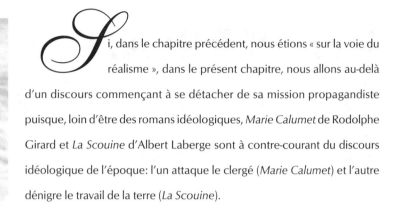

*S*i, dans le chapitre précédent, nous étions « sur la voie du réalisme », dans le présent chapitre, nous allons au-delà d'un discours commençant à se détacher de sa mission propagandiste puisque, loin d'être des romans idéologiques, *Marie Calumet* de Rodolphe Girard et *La Scouine* d'Albert Laberge sont à contre-courant du discours idéologique de l'époque: l'un attaque le clergé (*Marie Calumet*) et l'autre dénigre le travail de la terre (*La Scouine*).

Par rapport au roman idéologique, on pourrait même parler d'«anti-romans» puisque les règles quasi sacrées du genre y sont violées. Le modèle habituellement proposé est bafoué. En ce sens, on peut considérer Rodolphe Girard et Albert Laberge comme les deux marginaux de ce genre romanesque. Rodolphe Girard fut même congédié de son poste de journaliste à *La Presse*, à la suite des pressions exercées par l'archevêque Bruchési. De plus, *Marie Calumet* fut mis à l'Index*. Ce roman, éminemment humoristique, a fait *rire jaune* les autorités ecclésiastiques de l'époque. Le discours négativiste d'Albert Laberge a également souverainement déplu, précisément parce qu'il allait à l'encontre des valeurs de l'époque. Quand un auteur ose dire tout haut ce que tant d'autres pensent tout bas, il dérange. C'est le cas des deux romanciers que nous abordons dans ce chapitre et c'est à ce titre qu'ils sont intéressants parce qu'avant-gardistes, compte tenu du moment où ils ont publié, soit 1904 et 1918.

Soulignons, pour terminer, que ces deux œuvres marginales portent des noms de femmes. Est-ce un hasard? Plusieurs interprétations sont possibles...

---

* *Index: catalogue des livres prohibés par l'Église catholique. Promulgué lors du concile de Trente (1564), il cessa d'être réédité seulement en 1966. De nombreux auteurs français et québécois virent une ou plusieurs de leurs œuvres mises à l'Index.*

RODOLPHE GIRARD (1879-1956)

Journaliste et fonctionnaire, Girard fut également officier dans les Forces armées canadiennes pendant la guerre de 1914-1918; il obtint le grade de lieutenant-colonel. Il fut le premier romancier avec Marie Calumet *à oser ridiculiser les travers de notre société. C'est d'ailleurs à ce titre qu'il perdit son emploi à* La Presse.

Marie Calumet (1904)

Marie Calumet raconte l'histoire d'un curé de campagne, le curé Flavel, et de sa servante, vieille fille de 40 ans dont l'arrivée changera la vie du presbytère et de la paroisse. Une intrigue amoureuse se dessinera autour de cette ménagère dépareillée, convoitée à la fois par Narcisse et Zéphirin, lequel sortira vainqueur. Mais le roman est avant tout une description des mœurs rurales de la fin du XIXe siècle; il fit scandale au point d'être condamné. L'extrait qui suit donne un aperçu de l'humour et de la satire qui ont pu offusquer les autorités cléricales du début du siècle.

« Ousqu'on va met' la sainte pisse à Monseigneur? »

Marie Calumet, à qui revenaient l'honneur et le devoir de décorer le fauteuil de Monseigneur, en avait recouvert l'orifice d'un coussin de coton rouge, égayé de petites étoiles en papier doré.

   – Là d'dans, fit-elle remarquer au curé, Monseigneur va-t-être aux p'tits oiseaux.

5   Mais lorsque l'évêque se leva pour donner sa bénédiction à la foule recueillie, prosternée à ses pieds, l'un de ces astéroïdes resta collé à un endroit autre que celui où on les place ordinairement comme emblème de l'inspiration et du génie.

Cet accident, par bonheur pour la dignité ecclésiastique, passa à peu près inaperçu.

Après le chant du *Te Deum*, que beuglèrent une douzaine de chantres, et la quête, très
10   fructueuse, avouons-le en toute sincérité à la louange des villageois de Saint-Ildefonse, Monseigneur, accompagné de sa suite, se rendit au presbytère.

Plusieurs des curés accourus des campagnes avoisinantes avaient été alléchés par l'espoir d'un dîner plantureux, que l'on présumait devoir être sans précédent, s'il fallait en croire la renommée de cordon-bleu de Marie Calumet.

15 Cette dernière ne devait pas décevoir les espérances de cette classe d'élite. Elle prépara un festin dont les annales du presbytère gardent encore aujourd'hui très pieusement la mémoire.

Monseigneur lui-même, qui pourtant ne se nourrissait pas de croûtes de pain sec ni de bière d'épinette, en fit ses compliments à la cuisinière, devenue du coup l'héroïne du jour,
20 Monseigneur excepté.

Marie Calumet perdit complètement la tête et, toute confuse, piqua un soleil[41]. Dans le fond de son cœur, elle voua une reconnaissance sans bornes à l'évêque du diocèse. Ses vœux, enfin, se réalisaient. Non seulement Monseigneur lui avait parlé, mais il lui avait même dit, avec une tape amicale sur la joue

25 – Ma fille, vous êtes la plus fine cuisinière que j'aie jamais rencontrée. Monsieur le curé m'a fait des éloges de vous et je crois que vous les méritez amplement.

Tous les prêtres emboîtèrent le pas derrière leur évêque et ne tarirent pas d'éloges sur Marie Calumet.

Je passerai sous silence le compte rendu de ces agapes où les convives prouvèrent que l'homme, après tout, à quelque hiérarchie sociale qu'il appartienne, n'est qu'un homme et
30 qu'un bon repas est l'une des jouissances de l'humanité.

Sa Grandeur, le lendemain, allait, comme c'était la coutume, administrer le sacrement de la confirmation aux enfants de la paroisse. De sorte que Monseigneur fut contraint de passer la nuit au presbytère. Mais le presbytère de Saint-Ildefonse n'avait pas la vastitude d'une hôtellerie à la mode.

35 Monsieur le curé, devant la nécessité, n'hésita pas une seconde. Il tint conseil avec Marie Calumet, car il ne pouvait plus se passer de sa ménagère, et n'entreprenait jamais rien, si peu important que ce fût, sans avoir au préalable demandé l'avis de sa servante.

Elle avait réponse à tout.

Il fut donc résolu qu'on se mettrait à l'étroit. Monsieur le curé céderait à son supérieur sa
40 chambre au rez-de-chaussée, voisine du salon; Marie Calumet abandonnerait la sienne à son curé; et la nièce, la jolie Suzon, supporterait tout le choc de cette migration nocturne en partageant son petit lit de fer avec la ménagère.

Suzon, cependant, aimait à prendre ses aises et elle ne voyait pas cette combinaison d'un très bon œil.

---

41. *Piqua un soleil: rougir violemment (familier).*

45 Mais comment ne pas se soumettre à cette triple toute-puissante volonté de l'évêque, du curé, et de Marie Calumet?

Elle se pâmait de bonheur à la pensée de dormir dans le même saint lit dans lequel monsieur le curé aurait couché. Combien, sur cent mille personnes, peuvent se vanter d'avoir béné-ficié du même privilège et de la même faveur? C'était pour elle un moyen de se rapprocher
50 des choses sacrées…

Et le jour suivant, lorsque la pieuse fille fit les lits, elle fut en proie à plus d'une distraction.

Il faut dire, cependant, en toute justice pour elle, qu'il n'y avait rien d'impur dans ses inten-tions et que l'anticipation de sa jouissance était toute virginale et platonique.

Comment décrire l'émotion profonde qui la saisit lorsqu'elle entra dans la chambre épis-
55 copale[42]? Ce n'est qu'en tremblant qu'elle fit le nettoyage de cette pièce auguste et sainte.

Prenant religieusement dans ses bras le vase de nuit, comme une aiguière[43] de prix, elle allait en vider l'or bruni dans le récipient commun par où passent tous les liquides de la même espèce. Soudain, elle s'arrêta, perplexe
   – De la pisse d'évêque, pensa-t-elle, v'là quelque
60   chose de sacré!
Qu'allait-elle en faire?
Elle déposa le vase sur le parquet, devant elle, et, s'asseyant sur le lit, elle se prit à songer, les yeux fixes.
Et longtemps elle songea, immobile.
65 Elle ne pouvait certainement pas la jeter comme une eau vulgaire.
Oh! un sacrilège…
D'un autre côté, elle n'allait pas la laisser dans la chambre?
70 Ce n'eût pas été bien propre, ni hygiénique…
Un moment, Marie Calumet eut l'idée de l'embouteiller.
En avait-elle le droit?
Indécise, elle reprit le vase de nuit, avec des précau-tions infinies, et alla demander conseil au curé, qu'elle
75 trouva en train de se hacher du tabac dans son cabinet.

Après le chant du *Te Deum*, que beuglèrent une douzaine de chantres, et la quête, très fructueuse, avouons-le en toute sincérité à la louange des villa-geois de Saint-Ildefonse, Monseigneur, accompagné de sa suite, se rendit au presbytère.

   – M'sieu le curé, dit-elle, d'un air mystérieux en lui présentant le pot de chambre, ousqu'on va met' la sainte pisse à Monseigneur?

Le curé Flavel regarda d'abord sa servante, tout ébahi, se demandant si elle divaguait.
80 Puis, il se prit à rire à gorge déployée.

Il allait lui répondre de lui faire subir le sort commun, lorsque retentit la voix de Monseigneur se dirigeant de son côté.

---

42. *Épiscopale: qui appartient à l'évêque.*
43. *Aiguière: ancien vase à eau, muni d'une anse et d'un bec.*

Tragique devenait la situation. Il n'y avait pas une minute à perdre. L'héroïque abbé, tel le brave qui saisit dans ses mains la bombe à la mèche à demi brûlée et la lance hors de tout 85 danger, s'empara du vase et le jeta dans le vide.

Au même moment, l'engagé de monsieur le curé passait sous la fenêtre, pensif et la tête basse. La fatalité voulut qu'il reçut sur la tête et le vase et son contenu.

Le malheureux leva les yeux. Tout était rentré dans le calme.

– Pourquoi qu'à m'en veut, dit-il, avec une larme dans le coin de l'œil, j'y ai rien fait, moé?

BIBLIOGRAPHIE SOMMAIRE

1900 *Florence* (roman)
1902 *Mosaïque* (Recueil de contes et de pièces de théâtre)
1904 *Marie Calumet* (roman)
1906 *Rédemption* (roman)
1910 *L'Algonquine* (roman historique)
1912 *Contes de chez nous* (recueil de contes)

SUJETS DE TRAVAUX SUGGÉRÉS

1. En quel sens pouvons qualifier le roman *Marie Calumet* de satirique? Reportez-vous à l'extrait pour déceler, sur le plan stylistique, les moyens que Rodolphe Girard utilise pour ridiculiser l'évêque.

2. Démontrez que la vision des résidents de la paroisse de Saint-Ildefonse s'oppose à celle de l'auteur de *Marie Calumet*.

3. Le cortège qui défile dans les rues de Saint-Ildefonse constitue un microcosme.
    Expliquez à partir de l'extrait de *Marie Calumet*.

4. Ce roman a été unanimement qualifié d'humoristique par la critique.
    Repérez les moyens que Rodolphe Girard utilise pour réussir à être drôle.

5. Lors de sa publication, le roman *Marie Calumet* fit scandale au point d'être condamné.
    Selon vous, le clergé avait-il raison de s'offusquer à ce point?
    Justifiez votre point de vue.

ALBERT LABERGE (1871-1960)

Né à Beauharnois, Albert Laberge, auteur d'un unique roman qui dévalorise la vie de paysan, a pour père un cultivateur qui rêve de voir son fils prendre la relève. Mais, réussissant bien à l'école, Albert Laberge refuse cette « vie de bête de somme ». Expulsé du collège Sainte-Marie pour avoir lu un volume défendu, il en perd la foi.

Il trouve, par la suite, un emploi comme chroniqueur sportif à La Presse *; plus tard, s'ajoutent à sa tâche les fonctions de critique d'art. Il commence à publier des proses poétiques et fréquente certains écrivains de l'École littéraire de Montréal, dont Émile Nelligan. Il consacre 15 ans de sa vie à écrire son unique roman,* La Scouine, *qu'il publie d'ailleurs à compte d'auteur.*

À 61 ans, après 36 ans de journalisme, il prend sa retraite qu'il passe, l'été, dans un domaine acheté à Beauharnois, son village natal ; l'hiver, il vit à Montréal. Au moment où le sexagénaire décide de « se retirer », commence sa carrière littéraire. En 19 ans, il publie 13 volumes. Trois ans après sa mort, Gérard Bessette publie l'Antho-logie d'Albert Laberge, laquelle donne un bon aperçu de la variété de la production littéraire de Laberge.

La Scouine (1918)

« *La Scouine* est à la littérature canadienne ce qu'est, à la littérature française, *La Terre* de Zola, à cette importante différence près que le roman canadien, publié à soixante exemplaires, aura été l'objet d'un scandale privé[44]. »

Si le réalisme de Ringuet ressemble à celui de Flaubert, avec le roman de Laberge *La Scouine*, nous sommes en plein naturalisme à la façon de Zola. Ces deux romanciers jettent le même regard noir sur l'existence et sur les êtres qui sont d'ignobles victimes cruellement frappées par le destin. Laberge, tout comme Zola, montre le côté amer de la société et de la vie ; tous deux sont incapables d'idéaliser la vie d'esclavage à laquelle est confiné autant le mineur (*Germinal*) que le paysan (*La Scouine*). Les œuvres de ces deux auteurs nous présentent des êtres humains qui souffrent, s'ennuient et meurent insatisfaits et malheureux. L'extrait qui suit nous donne un aperçu du naturalisme de Laberge.

---

44. *Gérard TOUGAS*, Histoire de la littérature canadienne-française, *Paris, Presses Universitaires de France, 1967, p. 135.*

P'tite vie de misère noire

Ils repartirent vers les six heures. La fête était presque finie et tout le monde s'en allait. Devant l'hôtel du village, la rue était complètement bouchée par la foule et toutes les voitures se trouvaient arrêtées. Impossible de se frayer un chemin à travers cette masse humaine. C'était à croire que l'auberge allait être prise d'assaut. Les nouveaux arrivants repoussaient les autres et
5   se faisaient eux-mêmes bousculer à leur tour. On parlait sans se comprendre. Des ivrognes titubaient. Les conducteurs faisaient de vains efforts pour avancer ; ils fouettaient leurs chevaux sans cependant réussir à se faire un passage. Finalement, après un arrêt de vingt minutes, la circulation se rétablit. Charlot suivait à la file. Des gens causaient d'une voiture à l'autre, avant de se séparer. Frem et Frasie Quarante-Sous venaient en avant de la Scouine et de Charlot.
10 Droits et raides comme toujours sur leur siège, ils ressemblaient à des automates.

À l'entrée du village, une petite maison basse, d'aspect misérable, écrasée sur elle-même comme un vieillard centenaire, et précédée d'un étroit jardin planté de tabac, ouvrait toutes grandes ses fenêtres. Bien qu'il fut encore très à bonne heure, des jeunes gens dansaient avec entrain aux sons d'un accordéon époumoné. Le spectacle sentait la crapule et le vice. Frem
15 Quarante-Sous se retourna dans sa voiture

    – Ça danse comme ça tous les soirs, dit-il à Charlot. Ils sont là quatre garçons, et il n'y en a pas un seul qui travaille. Il y a un puits et une pompe devant la porte, mais on boit plus de whisky que d'eau.

La Scouine trouva là tout de suite un prétexte pour aller voir le vicaire le dimanche suivant. Elle
20 pourrait lui dénoncer ces désordres.

À ce moment, un couple en boghei[45] croisa la longue théorie de voitures qui s'en revenaient du concours agricole. L'homme, une jeunesse de vingt ans, absolument ivre, était courbé en deux, la tête enfouie entre les genoux de sa compagne.

    – Le cochon ! s'exclama la Scouine, qui souhaita d'être rendue au dimanche pour entretenir
25   le vicaire de cet autre scandale.

À un carrefour, les voitures se séparèrent, prirent des routes différentes, se distancèrent. Les chevaux de Frem Quarante-Sous et de Charlot conservèrent seuls leur même allure. Ils allaient sur la route tranquille de leur petit trot uniforme des jours de dimanche. L'on traversa la pointe aux Puces, le rang des Voleurs, puis celui des Picotés. C'était là une région de tourbe. Les roues
30 enfonçaient dans la terre brune et les chevaux se mirent au pas. On respirait une odeur âcre de roussi, de brûlé. Un silence et une tristesse sans nom planaient sur cette campagne. Tout attestait la pauvreté, une pauvreté affreuse dont on ne saurait se faire une idée. C'était un dicton populaire que les Picotés avaient plus d'hypothèques que de récoltes sur leurs terres.

La route était bordée par un champ d'avoine clairsemée, à tige rouillée, qui ne pouvait être uti-
35 lisé que comme fourrage. Les épis ne contenaient que de la balle, et la paille d'un demi-arpent aurait à peine suffi à remplir les paillasses sur lesquelles le fermier et sa marmaille dormaient le soir.

Un homme à barbe inculte, la figure mangée par la petite vérole, fauchait, pieds nus, la maigre récolte. Il portait une chemise de coton et était coiffé d'un méchant chapeau de paille.

---

45. *Boghei : voiture hippomobile légère à deux roues, généralement à capote.*

40 Les longues journées de labeur et la fatalité l'avaient courbé, il se déhanchait à chaque effort. Son andain[46] fini, il s'arrêta pour aiguiser sa faux et jeta un regard indifférent sur les promeneurs qui passaient. La pierre crissa sinistrement sur l'acier. Dans la main du travailleur, elle voltigeait rapidement d'un côté à l'autre de la lame. Le froid grincement ressemblait à une plainte douloureuse et jamais entendue…

45 C'était la « Complainte de la faux », une chanson qui disait le rude travail de tous les jours, les continuelles privations, les soucis pour conserver la terre ingrate, l'avenir incertain, la vieillesse lamentable, une vie de bête de somme ; puis la fin, la mort, pauvre et nu comme en naissant, et le même lot de misères laissé en héritage aux enfants sortis de son sang, qui perpétueront la race des éternels exploités de la glèbe.

50 La pierre crissa plus douloureusement, et ce fut dans le soir comme le cri d'une longue agonie.

L'homme se remit à la besogne, se déhanchant davantage.

Des sauterelles aux longues pattes dansaient sur la route, comme pour se moquer des efforts du paysan.

Plus loin, une pièce de sarrasin récolté mettait sur le
55 sol comme une grande nappe rouge, sanglante.

Les deux voitures passèrent à côté de quelques sillons de pommes de terre où des enfants grêlés par la picote recueillaient le repas du soir.

Après, s'étendait une région inculte, couverte
60 d'herbes sauvages et de jeunes bouleaux. Par intervalles, de larges tranchées avaient été creusées jusqu'à la terre arable et la tourbe, taillée en blocs cubiques, mise en piles, pour sécher. L'un de ces blocs attaché au bout d'une longue perche dominait le
65 paysage comme un sceptre, et servait d'enseigne.

La tourbe, combustible économique, était assez en vogue chez les pauvres gens.

[…] une vie de bête de somme ; puis la fin, la mort, pauvre et nu comme en naissant, et le même lot de misères laissé en héritage aux enfants sortis de son sang, qui perpétueront la race des éternels exploités de la glèbe.

Les feux que les fermiers allumaient régulièrement chaque printemps avant les semailles, et chaque
70 automne après les travaux, avaient laissé çà et là de grandes taches grises semblables à des plaies, et la terre paraissait comme rongée par un cancer, la lèpre, ou quelque maladie honteuse et implacable.

À de certains endroits, les clôtures avaient été consumées et des pieux calcinés dressaient leur
75 ombre noire dans la plaine, comme une longue procession de moines.
Charlot et la Scouine arrivèrent enfin chez eux et, affamés, ils soupèrent voracement de pain sur et amer, marqué d'une croix.

---

46. *Andain : ligne régulière formée par les herbes que le faucheur coupe et rejette sur sa gauche.*

BIBLIOGRAPHIE SOMMAIRE[5]

1918   *La Scouine* (roman)
1936   *Visages de la vie et de la mort* (recueil de nouvelles)
          Quand chantait la cigale (prose poétique et réflexions diverses)
1938   *Peintres et écrivains d'hier et d'aujourd'hui* (critiques et souvenirs littéraires)
1942   *La Fin du voyage* (recueil de nouvelles)
1953   *Le Dernier Souper* (recueil de nouvelles)
1954   *Propos sur nos écrivains* (critiques et souvenirs littéraires)
1955   *Hymnes à la terre* (prose poétique et réflexions diverses)

SUJETS DE TRAVAUX SUGGÉRÉS

1.   Albert Laberge peut être considéré, au Canada français, comme le premier représentant du réalisme, courant littéraire qui a joué un rôle capital dans la littérature universelle. On peut penser à Balzac, à Dickens, à Dostoïevsky. Certains critiques affirment même qu'il fut notre seul naturaliste.
Repérez les caractéristiques du réalisme ou du naturalisme représentées dans l'extrait intitulé « P'tite vie de misère noire ».

2.   Dans une dissertation explicative, montrez que *La Scouine* d'Albert Laberge est un « anti-roman de la terre ».
Prouvez-le en démontrant que le négativisme du romancier se retrouve dans tous les éléments de la description.

      Regroupez les éléments de description en autant de catégories pertinentes afin d'établir votre plan — plan par catégories logiques —, lequel vous permettra de répondre, de façon structurée, à cette question.

3.   Dans une dissertation explicative, comparez l'extrait « P'tite vie de misère noire » d'Albert Laberge à un extrait de *Germinal*, roman d'Émile Zola, soit celui où les mineurs se retrouvent en grève.

      Consultez, à cet effet, Émile ZOLA, *Germinal*, IVe partie, chapitre III. Les trois premières pages suffisent à établir un parallélisme fort intéressant.

LA POÉSIE DU TERROIR

CHAPITRE IV

*L*a littérature du terroir ne couvre pas uniquement le roman ; elle rejoint également la poésie. Certains écrivains que l'on qualifie tantôt de « terroiristes », tantôt de « régionalistes » se sont plu à chanter, en vers, le travail de la terre et à décrire les paysages champêtres du Québec.

Les « terroiristes » chantent la nature et le pays. Leur art est assujetti à l'idéologie de l'époque, comme au service de la religion et de la patrie. Ils sont des défenseurs de la nation qui se définissent d'ailleurs plus comme des Canadiens français que comme des artistes. La cause nationale semble plus les préoccuper que la recherche artistique.

Mais le poète doit-il avant tout « rendre » le pays ou décrire des émotions et des sentiments universels ? Doit-il décrire la neige « qui a tant neigé », les érables qui coulent au printemps et les champs qui regorgent de blé en juillet ? Sera-t-il universel s'il est régionaliste ? Voilà la question de fond qui résume bien la bataille entre le clan des terroiristes et le clan des exotiques.

Dans ce chapitre sur la poésie du terroir, nous avons joint Alfred DesRochers, même si, dans les classifications traditionnellles, il ne fait pas partie des terroiristes. Ce sont plus les thèmes qu'il aborde que la forme poétique de son œuvre, reconnue à l'époque comme « moderne », qui justifient un tel choix. En effet, DesRochers rejoint la lignée des terroiristes, car il évoque le travail laborieux des ancêtres, bâtisseurs du pays qu'il croit avoir trahis. Cette thématique permet de parler de poésie réaliste et lyrique chez ce poète. Mais il est important de mentionner qu'il dépasse les terroiristes par l'exaltation avec laquelle il aborde le thème du pays : la terre québécoise devient mythifiée. De plus, il renouvelle la poésie terroiriste grâce à la forme parnassienne, qui n'exclut cependant pas une couleur locale ; les nombreux régionalismes en témoignent.

BLANCHE LAMONTAGNE-BEAUREGARD
(1889-1958)

« Je veux consacrer ma lyre à chanter la campagne et je n'ai pas d'autre ambition que de devenir la poétesse des habitants. »

Blanche Lamontagne

Albert Ferland écrivait en 1917: « La Gaspésie a son poète. » Il faisait référence à Blanche Lamontagne-Beauregard, qui fut la première femme canadienne-française à s'aventurer en poésie et l'une des premières à suivre un cours de littérature à l'Université de Montréal. La vie de cette poétesse se déroula aux Escoumins, à Cap-Chat et finalement à Montréal où elle s'installa après son mariage.

Une poésie bien naïve...

Éminemment régionalistes, les textes de Blanche Lamontagne-Beauregard possèdent les qualités de simplicité, de spontanéité et de naïveté propres à ce genre. La poétesse est vivement attaquée, voire ridiculisée, par les esthètes qui dénigrent cette œuvre prosaïque qui témoigne d'une méconnaissance de la versification.

Elle parle de paix rurale, des animaux, décrit les champs et la mer, et revient souvent au foyer chaleureux où la mère règne en douceur.

Réconfort

Puisque l'été se meurt si tôt, puisque les roses
Malgré tant de beauté vivent si peu de temps,
Puisque l'hiver revient tuer toutes ces choses,
Pourquoi donc, ô Seigneur, avoir fait le printemps? ...

5 Puisqu'il est des hauteurs où nul ne peut atteindre,
Que le vide reprend les rires et les sons;
Puisque l'écho dans le fond des nuits va s'éteindre,
Pourquoi donc, ô Seigneur, avoir fait les chansons? ...

Pourquoi tous ces désirs, pourquoi toutes ces fièvres,
10 Ces rêves ces langueurs toujours inapaisés,
Puisque le feu se meurt si vite sur les lèvres
Pourquoi donc, ô Seigneur, avoir fait les baisers? ...

Mais pour que notre cœur s'arrache de la terre,
Et, regardant le ciel avec sérénité,
15 Sache qu'il est ailleurs une eau qui désaltère,
Pour les amours Vous avez fait l'éternité...

Les Trois Lyres (1923)

La Fileuse à la fenêtre

Et la fileuse ancienne
–Rou, rou, filons la laine! –
Disait à son rouet:
Voici le jour, n'es-tu pas prêt?
5   –Rou, rou, rou, rou, filons la laine!

Dans un grand chemin non battu,
Où l'hiver grondera peut-être,
Mon homme ira bûcher le hêtre:
Il faudra qu'il soit bien vêtu…

10 Déjà l'automne à perdre haleine
–Rou, rou, filons la laine! –
Souffle sur le champ refroidi,
Et le vieux sol est engourdi…
–Rou, rou, rou, rou, filons la laine!

15 Hélas! entends-tu par moments
Grincer les portes de l'étable,
Et le nordais[47] si redoutable
Courir dans les ravalements?…

La neige couvrira la plaine,
20 –Rou, rou, filons la laine! -
Bientôt nos toits deviendront blancs,
Et les troupeaux seront tremblants.
–Rou, rou, rou, rou, filons la laine!

Déjà le ciel s'endeuille un peu.
25 Voici la saison des veillées,
Des écheveaux, des quenouillées,
Et des longs soirs auprès du feu…

Mais de bonheur mon âme est pleine,
–Rou, rou, filons la laine! –
30 Mon bien-aimé m'aime toujours;
Comme autrefois sont nos amours…
–Rou, rou, rou, rou, filons la laine!

En ce moment il est là-bas,
Aux champs où l'orge est entassée,
35 Mais vers moi s'en vient sa pensée,
Et mon cœur me parle tout bas…

Et, pour me payer de ma peine,
–Rou, rou, filons la laine! –
Ce soir il mettra sur mon front
40 Un baiser joyeux et profond…
–Rou, rou, rou, rou, filons la laine!

La Vieille Maison (1920)

Mais de bonheur mon âme est pleine,
–Rou, rou, filons la laine! –
Mon bien-aimé m'aime toujours;
Comme autrefois sont nos amours…
-Rou, rou, rou, rou, filons la laine! – –

---

47. *Nordais: vent du nord-est.*

BIBLIOGRAPHIE SOMMAIRE

1913   *Visions gaspésiennes* (poésie)
1923   *Les Trois Lyres* (poésie)
1928   *Ma Gaspésie* (poésie)
1933   *Dans la brousse* (poésie)

SUJETS DE TRAVAUX SUGGÉRÉS

1. Établissez un parallèle entre le poème « La Fileuse à la fenêtre » de Blanche Lamontagne-Beauregard et ce sonnet de Ronsard :

    Quand vous serez bien vieille, au soir à la chandelle,
    Assise auprès du feu, dévidant et filant,
    Direz chantant mes vers, en vous émerveillant :
    « Ronsard me célébrait du temps que j'étais belle. »

    Lors vous n'aurez servante oyant[48] telle nouvelle,
    Déjà sous le labeur à demi sommeillant,
    Qui au bruit de mon nom ne s'aille réveillant,
    Bénissant votre nom de louange immortelle.

    Je serai sous la terre, et fantôme sans os
    Par les ombres myrteux[49] je prendrai mon repos ;
    Vous serez au foyer une vieille accroupie,

    Regrettant mon amour et votre fier dédain.
    Vivez, si m'en croyez, n'attendez à demain :
    Cueillez dès aujourd'hui les roses de la vie.

    (Tiré de Ronsard, Pierre de « Sonnets pour Hélène »
    dans *Poésies*, Paris, Hachette, 1960, p. 133)

2. Quel est le thème central autour duquel tout converge dans le poème « Réconfort » de Blanche Lamontagne-Beauregard ?
    Démontrez le fait que tout converge vers ce thème.

---

48. *Oyant : entendant.*
49. *Myrteux : de myrte, arbrisseau à feuilles coriaces et à fleurs blanches, dont les fruits sont utilisés comme épices.*

NÉRÉE BEAUCHEMIN (1850-1931)

La vie de Nérée Beauchemin fut simple et sans éclat : il vécut dans son village natal, qu'il n'a quitté que pour faire ses études à Nicolet et à l'Université Laval. Médecin de campagne durant 50 ans, il consacrait ses moments de loisirs à la poésie. À 80 ans, il reçut, lors d'une fête à Trois-Rivières, une certaine reconnaissance venant du milieu littéraire.

Un Parnassien mystique

Parnassien[*] par la forme, même s'il vise avant tout le naturel, Nérée Beauchemin écrit, dans *Les Floraisons matutinales*, des poèmes qui n'en sont pas moins d'inspiration romantique. On retrouve, dans son œuvre, les thèmes de la patrie, de la nature et de la spiritualité.

Ma lointaine aïeule

Par un temps de demoiselle,
Sur la frêle caravelle,
Mon aïeule maternelle,
Pour l'autre côté de l'Eau,
5 Prit la mer à Saint-Malo

Son chapelet dans sa poche,
Quelques sous dans la sacoche,
Elle arrivait, par le coche,
Sans parure et sans bijou,
10 D'un petit bourg de l'Anjou.

Devant l'autel de la Vierge,
Ayant fait brûler le cierge
Que la Chandeleur asperge,
Sans que le cœur lui manquât,
15 La terrienne s'embarqua.

Femme de par Dieu voulue,
Par le Roy première élue,
Au couchant, elle salue
Ce lointain mystérieux,
20 Qui n'est plus terre ni cieux.

---

[*] *Nom des poètes du Parnasse qui est un mouvement littéraire accordant la priorité à la pensée logique et à la perfection formelle. Ces poètes s'opposent à l'école romantique et rejettent le sentimentalisme et les grands thèmes politiques ou sociaux chers aux romantiques. Ils prônent la théorie de «l'art pour l'art».*

Et tandis que son œil plonge
Dans l'amour vague, elle songe
Au bon ami de Saintonge
Qui, depuis un siècle, attend
25 La blonde qu'il aime tant.

De la patrie angevine,
Où la menthe et l'aubépine
Embaumant val et colline,
La promise emporte un brin
30 De l'amoureux romarin.

Par un temps de demoiselle,
Un matin dans la chapelle,
Sous le poêle de dentelle,
Au balustre des époux,
35 On vit le couple à genoux.

Depuis cent et cent années
Sur la tige des lignées,
Aux branches nouvelles nées,
Fleurit, comme au premier jour
40 Fleur de France, fleur d'amour.

O mon cœur, jamais n'oublie
Le cher lien qui te lie,
Par-dessus la mer jolie,
Aux bons pays, aux doux lieux
45 D'où sont venus les Aïeux.

Tiré de *Patrie intime* (1928)

BIBLIOGRAPHIE SOMMAIRE

1897   *Les Floraisons matutinales* (poésie)
1928   *Patrie intime* (poésie)

SUJETS DE TRAVAUX SUGGÉRÉS

1. Quelles caractéristiques du romantisme pouvons-nous retrouver dans la poésie de Nérée Beauchemin?
    Expliquez chacun des éléments que vous retrouvez et illustrez à l'aide d'un exemple.

2. « Bien rares sont ceux qui écrivent comme ils parlent. Ce serait, à mon avis, le comble de l'art. »
    Que pensez-vous de cette affirmation de Nérée Beauchemin?

3. « La poésie des terroiristes est trop prosaïque et témoigne d'une méconnaissance de la versification », disent ironiquement les exotiques. Ces accusations qui portent autant sur le contenu que sur la forme sont-elles, à votre avis, justifiées?

4. Démontrez, à partir des poèmes de Blanche Lamontagne-Beauregard et de ceux de Nérée Beauchemin, que les terroiristes sont assujettis à l'idéologie de l'époque, c'est-à-dire l'idéologie de conservation.

ALFRED DESROCHERS (1901-1978)

Le « fils déchu » de la « race surhumaine »

Né dans les Cantons de l'Est, à Saint-Élie-d'Orford, dont il sera le chantre, Alfred DesRochers est tiraillé entre deux vies: une vie de travailleur manuel et une vie plus intellectuelle. Dans ses écrits, il évoque plusieurs « petits métiers » qu'il a exercés: mouleur de fonte, ouvrier forestier, etc. L'ex-scieur devient poète et journaliste, fonde L'Étoile de l'Est et est chef de service au quotidien La Tribune de Sherbrooke.

L'artiste garde la nostalgie du coureur des bois; ainsi se sentira-t-il toujours mal à l'aise dans les villes, notamment à Montréal où, durant presque dix ans, il sera traducteur dans différents médias.

Le cycle des bois et des champs

Liminaire[50]

Je suis un fils déchu de race surhumaine,
Race de violents, de forts, de hasardeux,
Et j'ai le mal du pays neuf, que je tiens d'eux,
Quand viennent les jours gris que septembre ramène.

5 Tout le passé brutal de ces coureurs des bois:
Chasseurs, trappeurs, scieurs de long, flotteurs de cages,
Marchands aventuriers ou travailleurs à gages,
M'ordonne d'émigrer par en haut pour cinq mois.

Et je rêve d'aller comme allaient les ancêtres;
10 J'entends pleurer en moi les grands espaces blancs,
Qu'ils parcouraient, nimbés de souffles d'ouragans,
Et j'abhorre comme eux la contrainte des maîtres.

Quand s'abattait sur eux l'orage des fléaux,
Ils maudissaient le val, ils maudissaient la plaine,
15 Ils maudissaient les loups qui les privaient de laine.
Leurs malédictions engourdissaient leurs maux.

---

50. *Liminaire: texte placé en tête d'un ouvrage, d'un discours.*

Mais quand le souvenir de l'épouse lointaine
Secouait brusquement les sites devant eux,
Du revers de leur manche, ils s'essuyaient les yeux
20 Et leur bouche entonnait : « À la claire fontaine »…

Ils l'ont si bien redite aux échos des forêts,
Cette chanson naïve où le rossignol chante,
Sur la plus haute branche, une chanson touchante,
Qu'elle se mêle à mes pensers[51] les plus secrets :

25 Si je courbe le dos sous d'invisibles charges,
Dans l'âcre brouhaha de départs oppressants,
Et si, devant l'obstacle ou le lien, je sens
Le frisson batailleur qui crispait leurs poings larges ;

Si d'eux, qui n'ont jamais connu le désespoir,
30 Qui sont morts en rêvant d'asservir la nature,
Je tiens ce maladif instinct de l'aventure,
Dont je suis quelquefois tout envoûté, le soir ;

Par nos ans sans vigueur, je suis comme le hêtre
Dont la sève a tari sans qu'il soit dépouillé,
35 Et c'est de désirs morts que je suis enfeuillé,
Quand je rêve d'aller comme allait mon ancêtre ;

Mais les mots indistincts que profère ma voix
Sont encore : un rosier, une source, un branchage,
Un chêne, un rossignol parmi le clair feuillage,
40 Et comme au temps de mon aïeul, coureur des bois,

Ma joie ou ma douleur chante le paysage.

Tiré de *À l'ombre de l'Orford* (1929)

Mysticisme sentimental

Je rêve quelquefois, quand les sens empoisonnent
La mémoire et l'espoir,
Et qu'en ma conscience un idéal sanglote,
D'être mystique un soir :
5 Ce serait l'heure calme où les angelus sonnent
Dans les clochers étroits ;
Où, menue, à voix basse, une vieille dévote
Fait son chemin de croix.

---

51. *Penser : nom masculin, employé en littérature et signifiant « façon de penser ».*

Les pourpres du couchant transmueraient sur les cimes
10 Les arbres en coraux.
Solitaire, j'irais m'asseoir dans une église
Aux somptueux vitraux.
Bien sage, et le cœur lourd aux pensers de mes crimes,
Je ne Vous dirais rien,
15 Car les mots qu'il faudrait, Seigneur, que je Vous dise,
Je ne les sais pas bien.

J'ai tant aimé la chair et tant aimé le monde
Que le monde et la chair
Imposent maintenant leur concept et leurs formes
20 À tout ce qui m'est cher ;
Et mon âme indistincte, hélas ressemble à l'onde
Des flaches de forêts
Mirant l'obscurité verte des pins énormes
Sans refléter leurs traits.

25 Et moi, qui trop souvent, plein de jactance[52] vaine,
Asservis mes talents
À draper de la mante[53] écarlate du verbe
Le blasphème des sens,
J'écouterais, Seigneur, la dévote en neuvaine
30 Déplorer, à mi-voix,
Qu'on Vous fasse souffrir autant par sa superbe
Que les juifs autrefois.

Je me tiendrais ainsi dans une humble posture,
Les yeux levés au ciel,
35 Et les mains jointes comme celles des statues
Qui décorent l'autel ;
Je ne sentirais plus le vent de l'aventure
Hérisser mes cheveux,
Dans cet asile où les rumeurs se seraient tues
40 De mon passé fougueux.

Mais j'écarquillerais bien grandes mes paupières
Dans la brune clarté,
Où seuls vacilleraient les reflets blonds d'un cierge,
Comme une aube d'été,
45 Afin que la paix bleue et rouge des verrières
Qui dominent le chœur
S'imprime, avec l'image exquise de la Vierge,
Dans la nuit de mon cœur.

Tiré de *L'Offrande aux vierges folles* (1928)

---

52. *Jactance : attitude d'une personne qui manifeste avec arrogance ou emphase la haute opinion qu'elle a d'elle-même. Vanité.*
53. *Mante : manteau de femme très simple, ample et sans manches.*

Ma patrie (extrait du poème)

Mon trisaïeul, coureur des bois,
Vit une sauvagesse, un soir.
Tous deux étaient d'un sang qui n'aime qu'une fois ;
Et ceux qui sont nés d'elle ont jusqu'au désespoir
5 L'horreur de la consigne et le mépris des lois.

Ils ont aussi les muscles plats,
L'insouciance du danger,
Le goût du ton criard et de fougueux ébats.
Leur fils, parmi les Blancs velus et graves, j'ai
10 Le teint huileux, la barbe rare et le front bas.

Et par les soirs silencieux,
Quand je parais aller, rêvant
De chimères, d'aventures sous d'autres cieux,
J'écoute en moi rugir la voix d'un continent
15 Que dans la nuit des temps habitaient mes aïeux.

Ah ! vous ne savez pas ce qu'est une patrie

Pour vous, tas d'immigrés, c'est une allégorie,
Un thème à lieux communs facile à mettre en vers ;
Votre patrie à vous est au-delà des mers !

20 Ce n'est pas un séjour de trois siècles à peine,
Même miraculeux, qui fait qu'une âme humaine
S'identifie à l'air et s'incorpore au sol !
Vous dites : ma patrie, et songez à Paimpol,
Aux prés de Normandie et de l'Île-de-France,
25 Aux détours sinueux du Rhône ou de la Rance,
Aux reflets de la mer à Capo di Mele,
Au cri des débardeurs de Marseille, mêlé
Au bruit que fait le vent dans les oliviers torses ;
En rêve, vous voyez luire au soleil les torses
30 Des portefaix d'Honfleur, de Cette ou de Toulon ;
Votre désir est de marcher, un soir, au long
Des champs que votre ancêtre ensemençait d'épeautre[54]
Ou de méteil[55]…
Et mon pays serait le vôtre ?

35 Oh non, mille fois non ! Voyageurs inconstants,
Comprendrez-vous un jour qu'il faut des milliers d'ans
De souffrance, de deuils, d'espérance et de joie,
Subis sous un ciel toujours même, pour qu'on voie,
Dans le premier rayon du soleil matinal,
40 L'éclatante beauté de l'horizon natal ?

---

54. *Épeautre : variété de blé dur.*
55. *Méteil : seigle et froment mêlés qu'on sème et qu'on récolte ensemble.*

Que ce n'est trois cents ans de risibles brimades
Qui font une patrie à des peuples nomades,
Mais que, depuis des temps dont nul ne se souvient,
Il faut que des aïeux, sous le mal quotidien,
45 Aient blasphémé d'horreur vers des cieux impassibles;
Qu'il faut avoir été tour à tour traits et cibles;
Qu'il faut avoir subi la morsure du froid,
Avoir dormi, d'un œil ouvert, avec l'effroi
D'un coup de tomahawk ou de griffe au visage;
50 Qu'il faut avoir, comme les miens, connu l'outrage

De tous les éléments sur l'homme déchaînés
Et les railler, sachant que de nos chairs sont nés
D'autres chétifs humains qui lutteront encore;
Qu'il faut avoir souvent, sur un tertre sonore,
55 Appuyé son oreille inquiète, et perçu,
Parmi les bruits errants à fleur du sol moussu,
Le roulement que fait dans le lointain la harde
Des bisons nourriciers ou la troupe hagarde
Des fiers décapiteurs ennemis; et qu'il faut,
60 Soi-même, avoir humé l'effluve rude et chaud
Dont l'atmosphère est dense aux heures printanières.
Effluve où les relents enfiévrés des tanières
Aux parfums des rosiers de juillet sont unis,
Pour sentir ce que c'est que d'avoir un pays!

65 Ah! la patrie alors devient plus qu'un symbole:
C'est une sœur, c'est une amante, et l'hyperbole
Défaille, exténuée, entre les bras de ceux
Qui tentèrent de mordre à ses baisers fougueux!

* * *

Les Blancs ont mis en moi le goût de l'aventure,
70 Le rêve de laisser au monde un nom qui dure
Et de forcer le sort comme ils forçaient les loups;
Le besoin de sentir la fatigue aux genoux
Rappeler que la lutte a rempli la journée,
Tandis qu'au cœur résonne une hymne forcenée
75 Vers un but à saisir au delà des couchants
Quel merci je vous crie, ô mes ancêtres blancs,
Vous dont les pas téméraires traquaient les bêtes
Jusques au sépulcral repaire des tempêtes,
Non dans l'espoir d'un gain, mais dans celui de voir

80 Surgir un matin neuf où sombrait un vieux soir!
O contempteurs d'édits des seigneurs et des prêtres,
Vous qui partiez, enfants, pour les bois, où, sans maîtres,
Vous emplissiez vos sens d'espace illimité,
Quel merci je vous dois de m'avoir implanté
85 Au cœur, sur les débris des regrets, l'espérance,
Votre horreur du lien et votre violence!

Mais, de mon indolente aïeule, j'ai reçu
Un excessif amour qui n'est jamais déçu,
Un amour oubliant l'affront qu'il ne pardonne.
90 Quand mon œil s'étrécit, quand mon torse frissonne,
Quand l'imprécation se crispe en mon gosier,
Le souvenir d'un son perdu vient la brouiller :
Une cascade trille au flanc d'une colline ;
Des framboisiers, au jeu de la brise câline,
95 Dans le silence des clairières, font surgir
Comme un frisson de vie augural ; l'avenir
Aura la paix intérieure des savanes
Où perche l'alouette au sommet des bardanes[56].
L'injure se confond avec le bruit que fait
100 Le lièvre brusquement levé dans la forêt

Et j'écoute ta voix alors, ô ma patrie,
Et je comprends tes mots, flamboyante anarchie
Éparse sur un quart du globe ! Je saisis
Pourquoi, malgré les coups du sort, les maux subis,
105 Ceux qui portent ta boue épaisse à leurs semelles
Ont la calme lenteur des choses éternelles,
Car ils sont à jamais empreints de ta beauté,
Toute faite de force et de fécondité

Et voici qu'en dépit du temps et de l'espace,
110 Des édits orgueilleux du nombre et de la race,
L'image en moi renaît du siècle fabuleux
Vers qui, depuis toujours, l'esprit hausse ses vœux :
À voir en mon pays couler toutes les sèves,
Je ressuscite en moi les espoirs et les rêves
115 Que l'homme, encor vaincu mais indomptable encor,
Oppose en boucliers aux affres de la mort.
La foi que je retrouve en l'ultime victoire
Est à vociférer du haut d'un promontoire
J'écoute une rumeur confuse autour de moi :
120 Les paroles d'amour couvrent les cris d'effroi,
Le fraternel appel d'Abel a sa réplique,
Et l'air que je respire est un air édénique[57]
Où l'écho se prolonge et proclame sans fin
Le millénaire qui n'aura ni froid ni faim !
125 Platon, enrichissant de lois sa République,
Prélude aux sons divins du verbe évangélique
Et soudain le présent s'éclaire : si je vois
L'embuscade dressée à la ligne des bois,
Je sais aussi l'amas de vivres de la cache,
130 J'aperçois la charpie à côté de la hache,
L'aumône redonnant le bien qu'a pris le vol
Et l'éternel élan de l'herbe à fleur du sol !

Tiré de *À l'ombre de l'Orford* (1929)

---

56. *Bardane : plante commune dans les décombres, dont les fruits s'accrochent aux vêtements, aux toisons.*
57. *Édénique : qui est propre à l'Éden, évoque le paradis terrestre et l'état d'innocence.*

BIBLIOGRAPHIE SOMMAIRE

1928   *L'Offrande aux vierges folles* (poésie)
1929   *À l'ombre de l'Orford* (poésie)
1963   *Le Retour de Titus* (poésie)
1967   *Élégies pour épouse en-allée* (poésie)

SUJETS DE TRAVAUX SUGGÉRÉS

1. Dans une dissertation explicative, dégagez, à partir des trois poèmes d'Alfred Desrochers, la vision que le poète a des ancêtres et du pays.

2. Analysez le thème cher à DesRochers, soit la dualité chair-esprit, contenu dans le poème « Mysticisme sentimental ».

3. Dans « Mysticisme sentimental », quelle vision Alfred DesRochers transmet-il du mysticisme ?
    Justifiez votre réponse.

4. Dans le poème « Ma patrie », de qui Alfred DesRochers parle-t-il quand il dit : « mon trisaïeul », « vous, tas d'immigrés », « peuples nomades », « voyageurs inconstants », « les Blancs » ?
    Après avoir expliqué le sens de ces mots et de ces périphrases, résumez dans vos mots les conditions que le poète pose pour que quelqu'un puisse, en toute honnêteté, parler de patrie.

Chronologie des événements marquants			
DATES	HISTOIRE	ARTS ET SCIENCES	LITTÉRATURE FRANÇAISE ET QUÉBÉCOISE
1837	• Publication par le gouvernement britannique des *Dix Résolutions* de Russell qui vont dans le sens contraire des demandes des Patriotes • Éclatement de la révolte des Patriotes		• *L'Influence d'un livre* de Philippe Aubert de Gaspé (fils)
1838	• Nouvelle insurrection au Bas-Canada • Pendaison de 12 patriotes à Montréal		
1839	• Publication du *Rapport* de lord Durham		
1840	• Loi d'Union du Haut et du Bas-Canada		
1843		• Fondation de la Société canadienne d'études littéraires et scientifiques à Québec	
1844		• Fondation de l'Institut canadien de Montréal	• *Les Trois Mousquetaires* d'Alexandre Dumas • *Les Fiancés de 1812* de Joseph Doutre • *Le Jeune Latour* d'Antoine Gérin-Lajoie, première tragédie québécoise
1845			• *Histoire du Canada* de F.-X. Garneau
1846			• *Charles Guérin* de P.-J.-O. Chauveau • *La Terre paternelle* de Patrice Lacombe
1847	• Nouvelle immigration irlandaise		• *Jane Eyre* de Charlotte Brontë
1848	• Reconnaissance officielle de la langue française au Parlement fédéral	• Fondation de l'Institut canadien de Québec • Publication du *Manifeste du Parti communiste* de Marx et Engels	• *La Dame aux camélias* de Dumas (fils)
1849	• Mouvement en faveur de l'annexion aux États-Unis		• *Une de perdue, deux de trouvées* de Georges Boucher de Boucherville
1854	• Abolition du régime seigneurial		
1856			• *Madame Bovary* de Flaubert
1857	• La reine désigne Ottawa comme capitale		• *Les Fleurs du mal* de Baudelaire
1859	• Création à Québec d'un consulat de France		• *La Légende des siècles* de Victor Hugo
1862			• *Les Misérables* de Victor Hugo

DATES	HISTOIRE	ARTS ET SCIENCES	LITTÉRATURE FRANÇAISE ET QUÉBÉCOISE
1863			• *Jean Rivard, le défricheur* d'Antoine Gérin-Lajoie • *Les Anciens Canadiens* de Philippe Aubert de Gaspé
1866			• *Crime et Châtiment* de Dostoïevski
1867	• Entrée en vigueur de la Constitution canadienne, la *Loi constitutionnelle de 1867* • P.-J.-O. Chauveau, premier ministre du Québec		• *Le Capital* de Karl Marx
1868			• *L'Idiot* de Dostoïevski
1869			• *L'Éducation sentimentale* de Flaubert
1873			• *Une saison en enfer* de Rimbaud
1877	• Discours de Wilfrid Laurier sur le libéralisme		• *L'Assommoir* de Zola
1878	• Fondation du journal *The Gazette*		
1881			• *Sagesse* de Verlaine • *Angéline de Montbrun* de Laure Conan
1884	• Fondation du journal *La Presse*		
1885	• Révolte des Métis dans l'Ouest • Pendaison de Louis Riel		• *Germinal* de Zola
1887	• Honoré Mercier, premier ministre du Québec • Wilfrid Laurier, premier ministre du Canada		
1889		• Fondation du Cercle littéraire et historique de Montréal	
1890		• Fondation de la Galerie nationale (Musée des beaux-arts) à Ottawa	
1891			• *Adventures of Sherlock Holmes* de Doyle
1896	• Découverte de l'or au Klondyke		
1897			• *Les Nourritures terrestres* de Gide
1898		• Première séance publique de l'École littéraire de Montréal au château de Ramezay	• *Cyrano de Bergerac* de Rostand
1900	• Napoléon Parent, premier ministre du Québec • Fondation de la première Caisse populaire à Lévis		• *L'Oublié* de Laure Conan
1901	• Population du Québec : 1 648 898		

DATES	HISTOIRE	ARTS ET SCIENCES	LITTÉRATURE FRANÇAISE ET QUÉBÉCOISE
1903	• Début de la construction du Trans-Continental	• Marc-Aurèle Suzor-Côté peint sa première toile pointilliste	
1904		• Eugène Lavallée-Smith fonde le Conservatoire national de musique à Montréal	• *Marie Calumet* de Rodolphe Girard
1905	• Démission de Napoléon Parent à Québec ; Lomer Gouin, premier ministre de la province	• Publication de *Essai sur la théorie de la sexualité* de Freud	
1907		• Fondation de la maison d'édition Bernard Grasset • Ouverture à Montréal du « Ouimetoscope », premier cinéma construit entièrement à l'épreuve du feu • Julien Daoust fonde à Québec le Théâtre populaire du Québec • Naissance du cubisme	
1909		• Fondation du Art Museum of Toronto	
1910	• Ouverture de l'Abitibi à la colonisation • Fondation du journal *Le Devoir*	• D'anciens membres de l'École littéraire de Montréal fondent l'Académie littéraire de Montréal	
1911	• Défaite de Wilfrid Laurier à Ottawa ; Robert Borden, premier ministre du pays	• Fondation de la maison d'édition Gallimard	• *Le Paon d'émail* de Paul Morin
1912			• *L'Annonce faite à Marie* de Claudel
1913			• *Le Grand Meaulnes* d'Alain-Fournier • *Maria Chapdelaine* de Louis Hémon • *Du côté de chez Swann* de Marcel Proust
1914	• Début de la Première Guerre mondiale		
1915	• Premier cours d'histoire du Canada donné par l'abbé Lionel Groulx à l'Université de Montréal		
1916		• Publication de *Introduction à la psychanalyse* de Freud • Publication de *L'impérialisme, stade suprême du capitalisme* de Lénine • Publication du *Cours de linguistique générale* de Ferdinand de Saussure • Publication de *La théorie de la relativité* d'Einstein	• *La Métamorphose* de Kafka • *Pygmalion* de Bernard Shaw

DATES	HISTOIRE	ARTS ET SCIENCES	LITTÉRATURE FRANÇAISE ET QUÉBÉCOISE
1917	• Révolution russe • Entrée en guerre des États-Unis • Le Parlement fédéral vote la conscription, accorde le droit de vote aux femmes et adopte la Loi de l'impôt fédéral sur le revenu des particuliers	• Publication de *L'État et la révolution* de Lénine • Premier disque de jazz	• *Poésies* de Paul Éluard
1918	• Fin de la Première Guerre mondiale • Émeutes à Québec (conscription) • Épidémie d'influenza	• Naissance du dadaïsme • L'abbé Camille Roy publie le premier son *Manuel d'histoire de la littérature canadienne-française*	• *Calligrammes* d'Apollinaire • *La Scouine* d'Albert Laberge
1919	• Mort de Wilfrid Laurier • Traité de Versailles : pour la première fois, le Canade appose sa signature en qualité de partie distincte de la Grande-Bretagne • Le Canada obtient un siège à la Société des Nations • Naissance des Chemins de fer nationaux • Début de la radio commerciale • Fondation du Parti communiste canadien	• Breton, Aragon et Soupault fondent la revue *Littérature* • Publication de *Puissance spirituelle de la matière* de Teilhard de Chardin • Fondation du Groupe des sept à Toronto	
1920	• Démission de Lomer Gouin ; Louis-Alexandre Taschereau, premier ministre du Québec • La constituante de l'Université Laval à Montréal devient l'Université de Montréal • Obtention du droit de vote pour les femmes aux États-Unis	• Chaplin tourne son premier film : *The Kid*	• *La Vieille Maison* de Blanche Lamontagne-Beauregard
1921	• Mackenzie King, premier ministre du Canada • Pour la première fois au recensement, la population urbaine dépasse la population rurale • Population du Québec : 2 360 150	• Publication de *Types psychologiques* de Jung • Lettre pastorale de Mgr Paul Bruchési contre la mode, la danse, le cinéma et le théâtre	
1922		• Première construction de l'architecte Le Corbusier • Best et Banting découvrent l'insuline • Attribution du premier prix David • Charles Maillard fonde l'École des beaux-arts à Montréal • Fondation du musée de Québec	• *Ulysses* de Joyce
1923	• Lettre collective des évêques du Québec sur le retour à la terre		• *Patrie intime* de Nérée Beauchemin

DATES	HISTOIRE	ARTS ET SCIENCES	LITTÉRATURE FRANÇAISE ET QUÉBÉCOISE
1924			• Fondation de *Surréalisme* et de *Révolution surréaliste* • *Manifeste du surréalisme* de Breton • *Sept manifestes dada* de Tzara
1925	• Arthur Meighen, premier ministre du Canada	• Chaplin tourne *La Ruée vers l'or* • Soirées de l'École littéraire de Montréal	• *Le Procès* de Kafka
1926	• Mackenzie King, réélu premier ministre du Canada, puis démission	• Publication de *Les réflexes conditionnés* de Pavlov	
1927	• Lindberg traverse l'Atlantique en avion • Le Conseil privé de Londres attribue le Labrador à Terre-Neuve • Début du service aéropostal canadien	• Publication de *L'être et le temps* de Heidegger • Le premier film parlant : *The Jazz Singer*	• *Thérèse Desqueyroux* de François Mauriac
1928		• Publication de *Le Surréalisme et la peinture* d'André Breton • Fondation de la Symphonie de Montréal • Départ de Paul-Émile Borduas pour la France	• *Nadja* de Breton • *L'Opéra de Quat'Sous* de Bertolt Brecht
1929	• Fondation de l'Université Concordia (Montréal) • Droit de vote des femmes aux élections municipales de Montréal • Thérèse Casgrain fonde la Ligue pour les droits de la femme		• *Le Soulier de satin* de Claudel
1930	• Adoption de la Loi de l'aide aux chômeurs	• Sinclair Lewis, premier prix Nobel américain de littérature	
1931	• Statut de Westminster et accession du Canada à l'autonomie politique	• *Histoire de la révolution russe* de Trotski • *Essais de psychologie analytique* de Jung	• *Vol de nuit* de Saint-Exupéry • *Nord-Sud* de Léopold Desrosiers
1932	• Le pourcentage de chômeurs chez les travailleurs syndiqués atteint 26, 6 % à Montréal ; 100 000 personnes vivent du Secours direct	• Fondation de l'École des sciences sociales de l'Université Laval	
1933	• Abolition de la prohibition aux États-Unis		• *La Condition humaine* de Malraux • *Un homme et son péché* de Claude-Henri Grignon • *Quand j'parl'tout seul* de Jean Narrache

DATES	HISTOIRE	ARTS ET SCIENCES	LITTÉRATURE FRANÇAISE ET QUÉBÉCOISE
1934			• *Les Demi-Civilisés* de Jean-Charles Harvey
1935	• Mackenzie King, premier ministre du Canada • Adoption à Québec de la Loi pour promouvoir la colonisation et le retour à la terre		
1936	• L'enquête des comptes publics force le premier ministre du Québec, Louis-Alexandre Taschereau, à démissionner • Maurice Duplessis, premier ministre du Québec • Adoption à Ottawa de la Loi des pensions de vieillesse	• Chaplin tourne *Les Temps modernes* • O'Neill, prix Nobel de littérature • Fondation de la Faculté des lettres de l'Université de Laval	• Claude-Henri Grignon commence à publier *Les Pamphlets de Valdombre*
1937		• Fondation à Paris du Musée national d'art moderne • Le père Émile Legault fonde les Compagnons de Saint-Laurent	• *Menaud, maître-draveur* de l'abbé Félix-Antoine Savard • *Regards et Jeux dans l'espace* de Saint-Denys Garneau
1938			• *Mère Courage* de Bertolt Brech • *La Nausée* de Sartre • *Le théâtre et son double* d'Antonin Artaud • *Trente Arpents* de Ringuet • *Les Engagés du grand portage* de Léo-Paul Desrosiers • *J'parl'pour parler* de Jean Narrache
1939	• Seconde Guerre mondiale : entrée en guerre du Canada • Maurice Duplessis, défait aux élections provinciales ; Adélard Godbout devient premier ministre	• Création de l'Office national du film • Paul-Émile Borduas, John Liman et Robert Élie fondent la Société d'art contemporain • À la radio, premier épisode de *Un homme et son péché* (1939-1962) de Claude-Henri Grignon	• *Terre des hommes* de Saint-Exupéry • *Le Mur* de Sartre • *Le Nœud de vipères* de Mauriac
1940	• Le Québec accorde le droit de vote aux femmes • Loi fédérale sur l'assurance-chômage • Arrestation du maire de Montréal, Camilien Houde, pour son opposition à la conscription • Enregistrement des Canadiens et début de l'entraînement militaire obligatoire	• Disney tourne *Fantasia* • Retour d'Alfred Pellan au Canada ; il expose ses œuvres au musée du Québec et au Musée des beaux-arts de Montréal	

DATES	HISTOIRE	ARTS ET SCIENCES	LITTÉRATURE FRANÇAISE ET QUÉBÉCOISE
1941	• L'attaque japonaise contre Pearl Harbor marque l'entrée en guerre des États-Unis • Accord Canada-États-Unis sur la canalisation du Saint-Laurent • La population du Québec s'élève à 3 331 882 habitants dont 80, 9 % de francophones	• Création à Zurich de *Mère Courage et ses enfants* de Bertolt Brech • Fondation par les pères de Sainte-Croix des Éditions Fides • À Chicago, construction du premier réacteur atomique • Wilfrid Pelletier est nommé directeur du Conservatoire de musique et d'art dramatique que le Québec vient de créer	• *Images et Proses* de Rina Lasnier
1942	• Le Québec vote NON à 72 % au plébiscite sur la conscription • Loi du service militaire obligatoire • Fêtes du tricentenaire de Montréal		• *L'Étranger* et *Le Mythe de Sisyphe* de Camus • *Les Songes en équilibre* d'Anne Hébert
1943	• À Québec, adoption de la loi rendant l'instruction obligatoire jusqu'à 14 ans	• La pénicilline est produite en quantité industrielle	• *Les Mouches* et *L'Être et le Néant* de Sartre • *Le Petit Prince* de Saint-Exupéry
1944	• À Québec, Maurice Duplessis reprend le pouvoir • Bilan de la Seconde Guerre mondiale : 41 700 Canadiens tués		• *Huis clos* de Sartre *Les Îles de la nuit* d'Alain Grandbois • *Le Malentendu* de Camus
1945	• Bombes atomiques sur Hiroshima et Nagasaki • Le Québec entreprend l'électrification des campagnes • Ensemble, l'Université de Montréal et l'Université Laval comptent 20 629 étudiants et 2 341 professeurs	• Sartre fonde la revue *Les Temps modernes* • Publication de *Phénoménologie de la perception* de Merleau-Ponty	• *Le Survenant* de Germaine Guèvremont • *Bonheur d'occasion* de Gabrielle Roy

BIBLIOGRAPHIE DES EXTRAITS

ROMANS

CHAUVEAU, Pierre-Joseph-Olivier. *Charles Guérin*, Montréal, Guérin, 1973, p. 47-52 et p. 321-325.

GÉRIN-LAJOIE, Antoine. *Jean Rivard*, Montréal, Beauchemin, 1932, p. 58-61 et p. 227-230.

GIRARD, Rodolphe. *Marie Calumet*, Montréal, Fides, 1973, p. 67-70.

GRIGNON, Claude-Henri. *Un homme et son péché*, Sainte-Adèle, Éditions du Grenier, 1972, p. 52-55 et p. 57-59.

GUÈVREMONT, Germaine. *Le Survenant*, Montréal, Fides, 1966, p. 21-25, p. 209-211 et p. 217-218.

HÉMON, Louis. *Maria Chapdelaine*, Paris, Grasset, 1954, p. 206-209 et p. 211-214.

LABERGE, Albert. *La Scouine*, Montréal, Les Quinze, 1981, p. 85-89.

LACOMBE, Patrice. *La Terre paternelle*, Montréal, Hurtubise HMH, 1972, p. 79-85.

RINGUET, *Trente Arpents*, Montréal, Fides, 1972, p. 251-253 et p. 254-255.

SAVARD, Félix-Antoine. *Menaud, maître-draveur*, Ottawa, Fides, 1937, p. 81-88.

POÉSIE

BEAUCHEMIN, Nérée. *Patrie intime*, Trois-Rivières, Librairie d'Action canadienne-française, 1928, p. 16.

DESROCHERS, Alfred. *Œuvres poétiques*, vol. I, « À l'Ombre de l'Orford », Montréal, Fides, 1977, p. 77 et p. 123.

DESROCHERS, Alfred. *Œuvres poétiques*, vol. I, « L'Offrande aux vierges folles », Montréal, Fides, 1977, p. 71.

LAMONTAGNE-BEAUREGARD, Blanche. *La Vieille Maison*, Montréal, Bibliothèque de L'Action française, 1920, p. 58.

LAMONTAGNE-BEAUREGARD, Blanche. *Les Trois Lyres*, Montréal, Bibliothèque de L'Action française, 1923, p. 39.

BIBLIOGRAPHIE GÉNÉRALE

ROMANS

CHAUVEAU, Pierre-Joseph-Olivier. *Charles Guérin*, Montréal, Guérin, 1973, 384 p.

GÉRIN-LAJOIE, Antoine. *Jean Rivard*, Montréal, Beauchemin, 1932, 294 p.

GIRARD, Rodolphe. *Marie Calumet*, Montréal, Fides, 1973, 155 p.

GRIGNON, Claude-Henri. *Un homme et son péché*, Sainte-Adèle, Éditions du Grenier, 1972, 198 p.

GUÈVREMONT, Germaine. *Le Survenant*, Montréal, Fides, 1966, 248 p.

HÉMON, Louis. *Maria Chapdelaine*, Paris, Grasset, 1954, 245 p.

LABERGE, Albert. *La Scouine*, Montréal, Les Quinze, 1981, 142 p.

LACOMBE, Patrice. *La Terre paternelle*, Montréal, Hurtubise HMH, 1972, 119 p.

RINGUET, *Trente Arpents*, Montréal, Fides, 1972, 306 p.

SAVARD, Félix-Antoine. *Menaud, maître-draveur*, Ottawa, Fides, 1937, 214 p.

POÉSIE

BEAUCHEMIN, Nérée. *Patrie intime*, Trois-Rivières, Librairie d'Action canadienne-française, 1928, 199 p.

DESROCHERS, Alfred. *Œuvres poétiques*, Montréal, Fides, 1977, vol. I, 249 p.

LAMONTAGNE-BEAUREGARD, Blanche. *La Vieille Maison*, Montréal, Bibliothèque de L'Action française, 1920, 219 p.

LAMONTAGNE-BEAUREGARD, Blanche. *Les Trois Lyres*, Montréal, Bibliothèque de L'Action française, 1923, 132 p.

ÉTUDES LITTÉRAIRES

ARCHIVES DES LETTRES CANADIENNES. *Le roman canadien-français*, Montréal, Fides, 1977, tome III, 514 p.

BAILLARGEON, Samuel. *Littérature canadienne-française*, Montréal et Paris, Fides, 1957, 525 p.

BESSETTE, Gérard, Lucien Geslin et Charles Parent. *Histoire de la littérature canadienne-française*, Montréal, Centre éducatif et culturel, 1968, 704 p.

BESSETTE, Gérard. *Une littérature en ébullition*, Montréal, Éditions du Jour, 1968, 315 p.

Collectif publié sous la direction de René DIONNE. *Le Québécois et sa littérature*, Sherbrooke, Naaman, 1984, 464 p.

DANDURAND, Albert. *Le roman canadien-français*, Montréal, Albert Lévesque, 1937, 252 p.

DE GRANDPRÉ, Pierre. *Dix ans de vie littéraire au Canada français*, Montréal, Beauchemin, 1966, 293 p.

DE GRANDPRÉ, Pierre. *Histoire de la littérature française du Québec*, Montréal, Beauchemin, 1968, vol. I, 367 p.

DE GRANDPRÉ, Pierre. *Histoire de la littérature française du Québec*, Montréal, Beauchemin, 1968, vol. II, 390 p.

DE GRANDPRÉ, Pierre. *Histoire de la littérature française du Québec*, Montréal, Beauchemin, 1968, vol. III, 407 p.

DE GRANDPRÉ, Pierre. *Histoire de la littérature française du Québec*, Montréal, Beauchemin, 1968, vol. IV, 428 p.

DIONNE, René. *Le Québécois et sa littérature*, Sherbrooke, Naaman, 1984, 458 p.

DOSTALER, Yves. *Les infortunes du roman dans le Québec du XIXe siècle*, Montréal, Hurtubise HMH, 1977, 175 p.

DUCROCQ-POIRIER, Madeleine. *Le roman canadien de langue française, de 1860 à 1958 : recherche d'un esprit romanesque*, Paris, Nizet, 1978, 908 p.

GAY, Paul. *Notre roman*, Montréal, Hurtubise HMH, 1973, 192 p.

LAFORTUNE, Monique. *Le roman québécois, reflet d'une société*, Laval, Mondia, 1985, 335 p.

LEMIRE, Maurice. *Introduction à la littérature québécoise (1900-1939)*, Montréal, Fides, 1981, 168 p.

LORTIE, Jeanne d'Arc. *La poésie nationaliste au Canada français (1606-1867)*, Québec, Presses de l'Université Laval, 1975, 535 p.

MAILHOT, Laurent. « Classiques canadiens 1760-1960 » dans *Petit manuel de littérature québécoise*, collection « Études françaises », 13/3-4, Montréal, Presses de l'Université de Montréal, 1977, p. 263 à 279.

MAILHOT, Laurent. *La littérature québécoise*, Paris, Presses universitaires de France, collection « Que sais-je ? », 1974, 127 p.

PROULX, Bernard. *Le roman du territoire*, Cahiers du Département d'études littéraires-8, Montréal, Service des publications de l'Université du Québec à Montréal, 1987, 327 p.

ROBIDOUX, Réjean, et André RENAUD. *Le roman canadien-français du vingtième siècle*, Ottawa, Éditions de l'Université d'Ottawa, 1966, 221 p.

TOUGAS, Gérard. *Histoire de la littérature canadienne-française*, Paris, Presses universitaires de France, 1967, 312 p.

OUVRAGES DE RÉFÉRENCE

LEMIRE, Maurice, *et al. Dictionnaire des œuvres littéraires du Québec*, tome I, « Des origines à 1900 », Montréal, Fides, 1978, 918 p.

LEMIRE, Maurice, *et al. Dictionnaire des œuvres littéraires du Québec*, tome II, « De 1900 à 1939 », Montréal, Fides, 1980, 1 363 p.

LEMIRE, Maurice, *et al. Dictionnaire des œuvres littéraires du Québec*, tome III, « De 1940 à 1959 », Montréal, Fides, 1982, 1 252 p.

ANTHOLOGIES

BROSSARD, Nicole, et Lisette GIROUARD. *Anthologie de la poésie des femmes au Québec*, Montréal, Remue-Ménage, 1992, 379 p.

COTNAM, Jacques. *Poètes du Québec*, Montréal, Bibliothèque québécoise, 1992, 241 p.

DIONNE, René. *La patrie littéraire (1760-1895)*, Anthologie de la littérature québécoise, sous la direction de Gilles Marcotte, Ottawa, La Presse, 1978, volume II, 516 p.

DIONNE, René, et Gabrielle POULIN. *L'âge de l'interrogation (1937-1952)*, Anthologie de la littérature québécoise, sous la direction de Gilles Marcotte, Ottawa, La Presse, 1980, volume IV, 463 p.

HÉBERT, François, et Gilles MARCOTTE. *Vaisseau d'or et Croix du chemin (1895-1935)*, Anthologie de la littérature québécoise, sous la direction de Gilles Marcotte, Ottawa, La Presse, 1979, volume III, 498 p.

LE BEL, Michel, et Jean-Marcel PAQUETTE. *Le Québec par ses textes littéraires (1534-1976)*, Ottawa/Paris, Éditions France-Québec et Éditions Fernand Nathan, 1979, 387 p.

MAILHOT, Laurent et Pierre NEPVEU. *La poésie québécoise. Anthologie*, Montréal, Typo, 1990, 642 p.

SYLVESTRE, Guy. *Anthologie de la poésie canadienne-française*, Montréal, Beauchemin, 1966, 376 p.

DICTIONNAIRES SPÉCIALISÉS

BERGERON, Léandre. *Dictionnaire de la langue québécoise*, Montréal, VLB, 1980, 574 p.

CLAPIN, Sylva. *Dictionnaire canadien-français*, Québec, Presses de l'Université Laval, 1974, 388 p.

DULONG, Gaston. *Dictionnaire des canadianismes*, Larousse Canada, 1989, 461 p.

DUNN, Oscar. *Glossaire franco-canadien*, Ottawa, Leméac, 1980, 205 p.

SOCIÉTÉ DU PARLER FRANÇAIS AU CANADA. *Glossaire du parler français au Canada*, Québec, Presses de l'Université Laval, 1968, 709 p.

SOURCES

SOURCES DES PHOTOS

Cahiers du Québec, couverture de la 1re réédition, Hurtubise HMH, 1972: page 3.

Assemblée nationale: page 8.

Archives nationales du Canada (C-1475): page 15.

Archives nationales du Canada (C-1489): page 23.

Le roman canadien-français, tome 3, Archives des lettres canadiennes, Fides, 1977: page 29.

Littérature canadienne-française, Samuel Baillargeon, Fides, 1957: page 37.

Les 36 cordes sensibles des Québécois, Jacques Bouchard, Éditions Héritage, 1978: page 37.

Littérature canadienne-française, Samuel Baillargeon; Fides, 1957: photographie de Photo Rivard: page 40.

Les 36 cordes sensibles des Québécois, Jacques Bouchard, Éditions Héritage, 1978: page 41.

Panorama des Lettres canadiennes-françaises, Ministère des Affaires culturelles du Québec, 1967: page 43.

Histoire de la littérature française du Québec, Pierre De Grandpré, Beauchemin, 1968: page 51.

Les 36 cordes sensibles des Québécois, Jacques Bouchard, Éditions Héritage, 1978: page 57.

Littérature canadienne-française, Samuel Baillargeon, Fides, 1957; photographie de Photo Larose: page 61.

Introduction à la poésie québécoise, Jean Royer, Bibliothèque québécoise, 1989: page 66.

SOURCES DES DESSINS ET DES ILLUSTRATIONS

Les gouttelettes, Pamphile Le May, Librairie Beauchemin, 1904; illustration de Paul Richard: page 18.

Les gouttelettes, Pamphile Le May, Librairie Beauchemin, 1904; illustration de Paul Richard: page 25.

Histoire de la littérature française du Québec, Pierre De Grandpré, Beauchemin, 1968; illustration de Clarence Gagnon: page 26.

Histoire de la littérature française du Québec, Pierre De Grandpré, Beauchemin, 1968; illustration de Clarence Gagnon: page 30.

La Fête-Dieu, Jean-Paul Lemieux, Musée du Québec: page 53.

Archives nationales du Québec: page 55.

La Vieille Maison, Blanche Lamontagne-Beauregard, Bibliothèque de l'Action française, 1920: page 62.

Littérature canadienne-française, Samuel Baillargeon, Fides, 1957; dessin de R. Duguay: page 64.